鉄道 再発見の旅

栗原隆司

海鳥社

はじめに

私が九州の鉄道を撮り続けて、そろそろ40年となります。

今から40年前、昭和40年代の九州各地の国鉄路線ではまだまだ蒸気機関車が活躍し、筑豊を始め石炭搬出のために張り巡らされた路線網もまだピークを保っていました。

それから40年。この間だけでも、鉄道車輛たちは世代を引き継ぎ、多くの種類の車輛が去っていきました。国鉄は分割民営化、そして多くのローカル線が廃止され、第3セクター鉄道へと変化しました。

廃止線も、廃止から四半世紀近くとなり、風化しつつあります。鉄道遺産とも言うべき廃止線跡の今はどうなっているのでしょうか？

また、九州に鉄道が開業して今年で１１８年になりますが、今に残る各時代の鉄道遺産を各地で見つけることもできます。

これらを発見し、大好きな鉄道の遙かなる歴史を学び考え、そして偲ぶ旅も楽しいものです。

平成19年4月1日でＪＲ九州発足満20周年を迎えた節目の年ですが、今も美しい九州の四季を走る現代の列車に乗って、ちょっと昔、さらに遥か過去へと、昭和から大正、明治時代の懐かしの旅に出発したいと思います。

歴史という視点からの新しい鉄道の旅を満喫し、さらに駅から旅立ちましょう！　さあ、廃止線跡巡り、鉄道の歴史散歩、車窓の旅に駅のウォッチングと、盛りだくさんの再発見の旅に出発進行！

なお、今回は九州北部地域を中心に取り上げ、特に私の地元となる福岡県を、縁深かった石炭遺産と併せ詳しく紹介しています。

また、少しでも当時の思い出の参考になればと、廃止線の現役時代や、かつての懐かしの車輛たちも可能な限り掲載しました。

最後になりましたが、ご協力いただいたすべての皆様、ありがとうございました。

平成19年7月

旅ぐらふぁー　栗原隆司

長崎
SEA SIDE LINER
6610

鉄道再発見の旅◉目次

写真は、快速「シーサイドライナー」（大村線・大村－岩松）

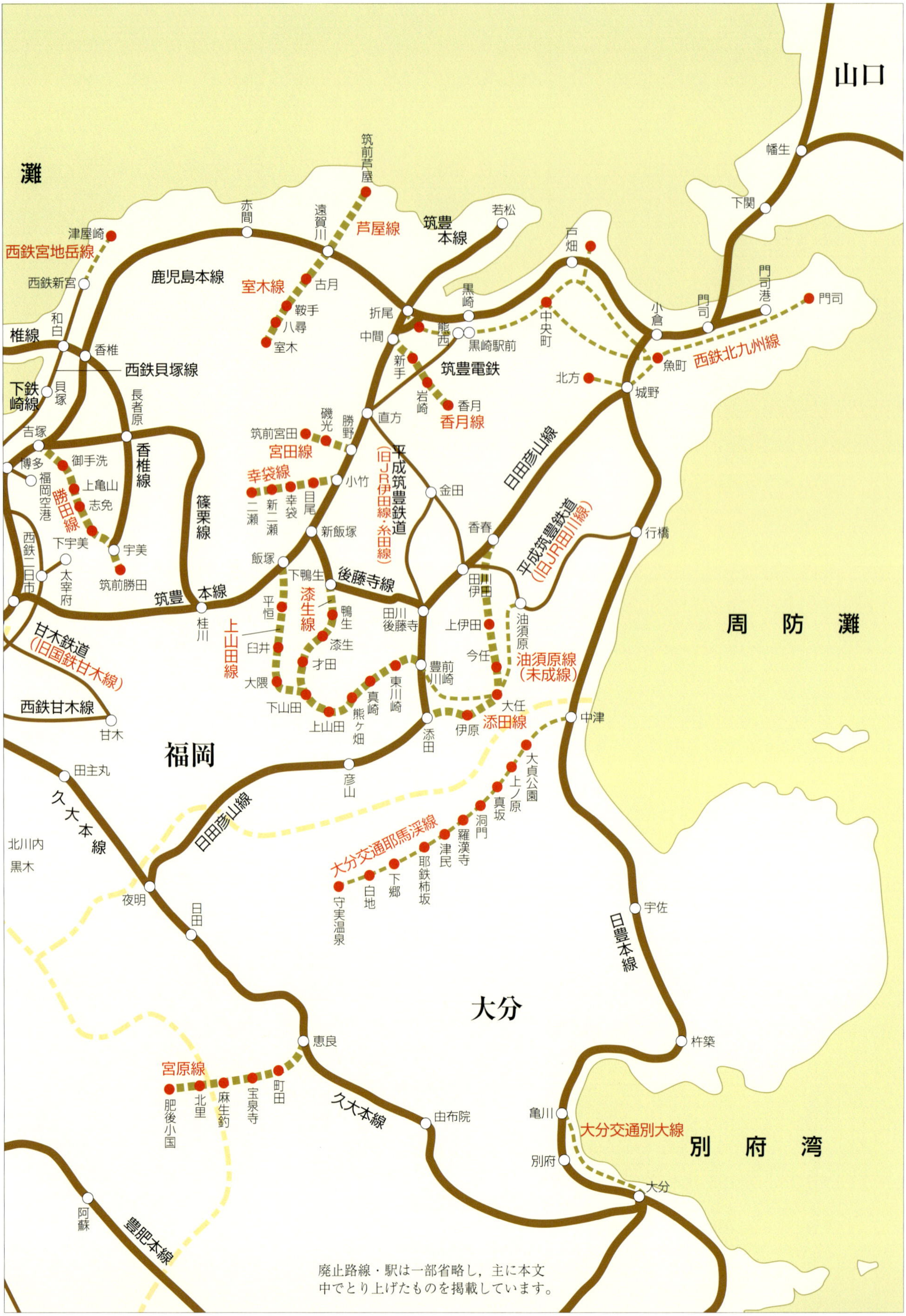

廃止路線・駅は一部省略し，主に本文中でとり上げたものを掲載しています。

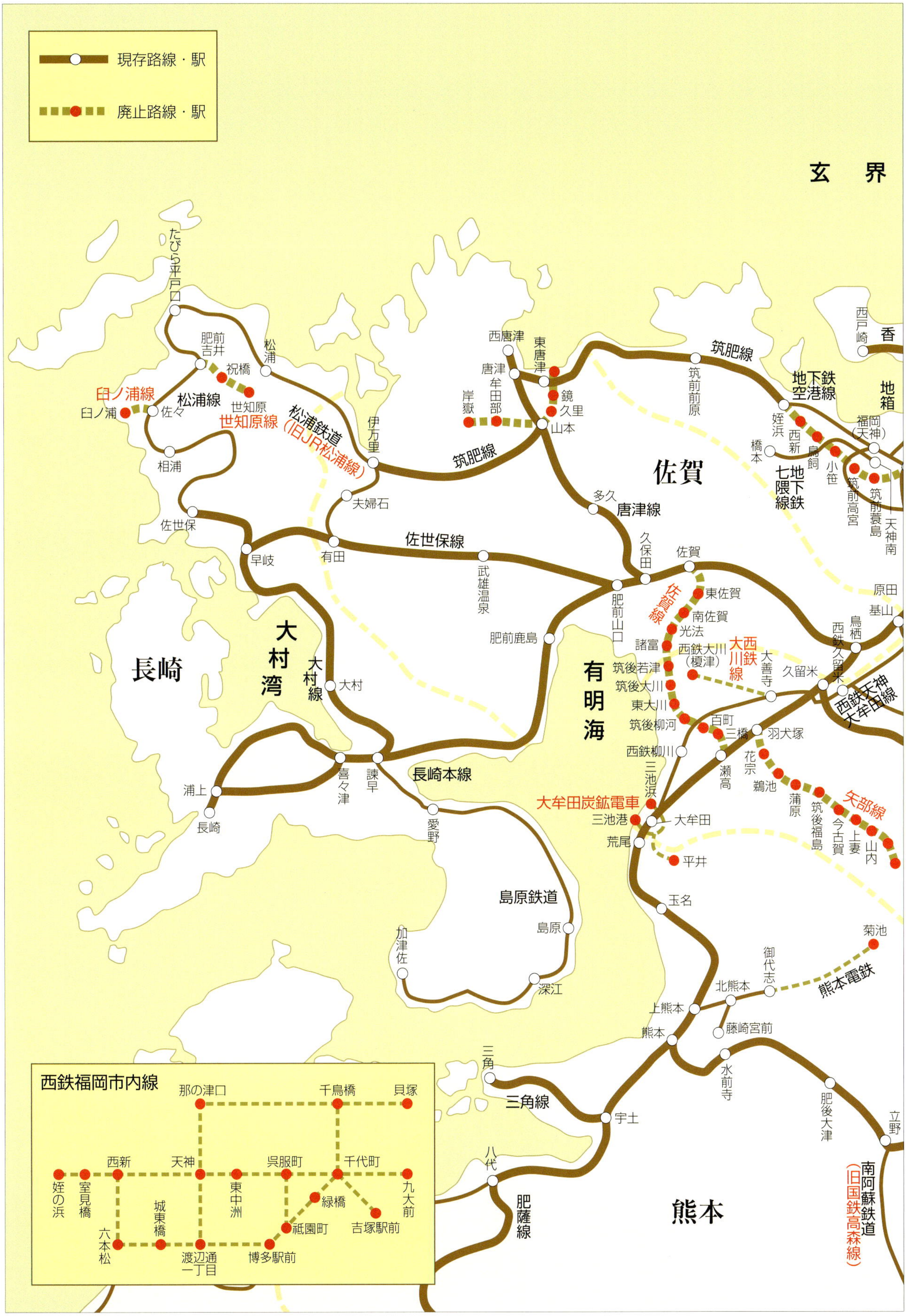

現存路線・駅
廃止路線・駅
玄界
たびら平戸口
肥前吉井
松浦
祝橋
世知原
臼ノ浦線
臼ノ浦
佐々
松浦線
世知原線
松浦鉄道(旧JR松浦線)
伊万里
相浦
夫婦石
佐世保
早岐
有田
佐世保線
武雄温泉
筑肥線
西唐津
東唐津
唐津
牟田部
岸嶽
鏡
久里
山本
筑肥線
筑前前原
姪浜
西新
鳥飼
小笹
橋本
地下鉄空港線
地下鉄七隈線
西戸崎
香
地箱
福岡(天神)
筑前高宮
筑前蓑島
天神南
佐賀
多久
唐津線
久保田
佐賀
肥前山口
肥前鹿島
佐賀線
東佐賀
南佐賀
光法
諸富
西鉄大川(榎津)
大川西鉄線
筑後若津
筑後大川
東大川
筑後柳河
百町
三橋
大善寺
久留米
西鉄久留米
鳥栖
原田
基山
西鉄天神大牟田線
羽犬塚
西鉄柳川
瀬高
花宗
鵜池
蒲原
筑後福島
今古賀
上妻
山内
矢部線
長崎
大村湾
大村線
大村
有明海
浦上
長崎
喜々津
諫早
長崎本線
愛野
三池浜
大牟田炭鉱電車
三池港
大牟田
荒尾
平井
玉名
島原鉄道
島原
加津佐
深江
菊池
御代志
熊本電鉄
北熊本
上熊本
藤崎宮前
熊本
水前寺
三角
三角線
宇土
肥後大津
立野
八代
肥薩線
熊本
南阿蘇鉄道(旧国鉄高森線)
西鉄福岡市内線
那の津口
千鳥橋
貝塚
西新
天神
呉服町
千代町
姪の浜
室見橋
東中洲
九大前
緑橋
城東橋
六本松
祇園町
吉塚駅前
渡辺通一丁目
博多駅前

あぶない!!
ここであそん
ではいけません。

歴史を訪ねる旅

旧九州鉄道城山三連
橋梁から現在の鹿児
島本線を見る

九鉄の面影を求めて

鹿児島本線

明治22（1889）年12月11日、博多－千歳川仮駅（久留米手前の筑後川河岸、現・JR九州の鹿児島本線）間が、九州鉄道の手により、九州最初の鉄道として開業。

それから2年を経ずして、明治24年8月までには門司（現・門司港）、熊本までの鹿児島本線と、鳥栖から分岐して長崎本線・佐賀までの延伸が完成。九州北部の幹線の骨格ができあがっている。

現在のJR九州のルーツと言える九州鉄道は、明治21年6月27日、日本政府から免許が交付され発足した。今のJR鹿児島本線の門司港－八代間、佐世保線や大村線経由の長崎線などを全通。さらに筑豊鉄道や豊州鉄道などとの合併・買収で、九州北部一円の鉄道網を、ほぼ独占的に経営した九州の大私鉄であった。

それが明治39年公布の「鉄道国有法」により、明治40年7月1日に国有化を実施。逓信《ていしん》省帝国鉄道庁九州帝国鉄道管理局となる。翌明治41年12月5日には内閣所轄の鉄道院九州鉄道管理局が発足。

そして大正9（1920）年には鉄道省に。

第2次大戦後は運輸通信省、運輸省を経て、公共企業体日本国有鉄道が昭和24（1949）年6月1日に誕生する。国鉄は昭和62年4月1日、JR九州誕生まで続いた。

今でこそ、複線電化の一級路線を、「リレーつばめ」「かもめ」「ソニック」といったJR九州の花形特急が疾走する鹿児島本線だが、平成19年で最初の開業から118年という歴史ある所だけに、随所に鉄道遺産の痕跡を見つけることが可能だ。

当初の開業が単線非電化だったため、その改良のために線路の付け替えや駅の移転などが各所で行われている。

また2011年に迫った九州新幹線鹿児島ルートの全線開業を前に工事も本格化し、博多以南の沿線風景も日々に変化が著しい。現駅舎も見納めとなる所もある。

視線を変え、ずっと昔の明治、大正、そして懐かしの昭和に思いをはせる再発見の旅も楽しい。

上＝奇跡的に現在も残る九鉄時代の海老津赤レンガアーチ
左＝夏休みの朝は門司港駅前広場でラジオ体操「イチ，ニ，サン，シ」

門司港駅
MOJIKO STATION
祝 全国大会出場 福岡県立門司高等学校定時制
全国高等学校定時制通信制

門司港駅

初代門司駅は，明治24（1891）年４月１日に開業。大正３（1914）年２月１日に現位置に移転した。かつては門司駅と呼ばれていたが，関門鉄道トンネルの開通により，昭和17（1942）年４月１日，隣の大里駅を門司駅に改称し，こちらを門司港駅とした。

このころまでは，九州の玄関口として，本州下関との鉄道連絡船「関門航路」と鉄道を乗り継ぐ人たちで賑わう，華やかな時代であった。

駅頭に立つと，大正３年に建築され，国の重要文化財にも指定されているネオ・ルネサンス様式の重厚な駅舎が出迎えてくれる。木造２階建てだが，その姿はより大きく感じられ，気品すら漂っている。

再整備の進む港湾一帯は「門司港レトロ地区」として人気だが，歴史ある古い建造物群の中にあって，門司港駅舎は，圧倒的な存在感を誇っている。駅舎内や櫛形の行き止まり式の長いホーム，広い構内に連絡船桟橋への通路跡など，そこかしこに繁栄の面影が偲ばれる。

上＝長い年月を感じさせる門司港駅ホーム
左＝門司港から外浜方面に延びていた貨物線跡には今も線路が残されている。かつては港や倉庫を結び，門司港駅構内から貨物専用線が縦横に走っていた

門司港駅点描。左上から時計回りに
駅舎内の一角にある現役の待合所
「帰り水」。駅開業からあり，戦後復員の人たちが門司に上陸して，安堵の思いで喉をうるおしたことから命名
90歳を超えた「幸運の手水鉢」で手を洗い，何か良いことがありますように
現在の鹿児島本線基点の０キロポスト
駅長さん以下，大正時代の制服でお出迎え
日本の鉄道開業100年を記念して昭和47年に駅構内に建立された０マイルモニュメントと腕木式信号機
関門連絡船通路跡も駅構内に残っている。今では埋め立てで海岸線は遠のいたが，当時はふさがれた壁のすぐ先が岸壁で，幾多の人々がここを通りすぎていった。関門航路は関門国道トンネル開通後の昭和39年11月１日に廃止
大正３年建築の駅舎を支える超モダンな円柱にも長い歴史が刻まれている

九州鉄道記念館

門司港駅構内の山手側にあり，記念館本館は赤いレンガ造り，旧九州鉄道本社社屋を使用する。

初代門司駅は，2代目の現駅舎より195メートルのこの地の近くに，明治24（1891）年に開業。記念館のゲート前にはこれを示す門司駅名標と「旧0哩標」のモニュメントがある。

本館内には，九州の鉄道の歴史や文化にまつわる実物資料や模型が多数紹介してある。

左は九州鉄道記念館に保存されている車輌。左上から時計回りに
入口正面にある大正時代の国産貨物機関車9600形とＣ59形の２両の蒸気機関車
寝台特急も牽引した蒸気機関車Ｃ59形のトップナンバー
関門トンネルの初代の直流電気機関車ＥＦ10
本館内に鎮座する九鉄時代の木造２軸客車の復元車チブ37。座席は畳敷き。左手には鉄道院の標柱
九州初の交流電気機関車ＥＤ72の１号機
昭和12年製造の，丸みを帯びたフロントが特徴の気動車キハ07
九州の電車特急に使用のボンネット形クハ481「にちりん」
世界初の寝台座席兼用の電車特急クハネ581「月光」
石炭貨車・セラは筑豊地区などで石炭輸送に貢献した

九州鉄道記念館
Kyushu Railway History Museum
Since 2003
中央ゲート
59634

セラ
1239

鐵道院

月光
GEKKO

にちりん
NICHIRIN

キハ07 41

関門トンネルとＥＦ30

関門トンネル専用機関車のＥＦ30形交直流電気機関車は，昭和36（1961）年，門司港－久留米間の九州初の交流電化開業から，総計22両が製造された。関門間のすべての客貨車を牽引した。ブルートレインの先頭に立つ時はヘッドマークを掲げ，颯爽と走る姿が頼もしかった。

ＥＦ30は昭和62年までに全車が引退したが，このトップナンバー１号機が小倉北区の新勝山公園に保存されていると聞く。

平成19年現在は「はやぶさ＆富士」「あかつき＆なは」の２本のブルートレインのみが残るが，関門間ではヘッドマークは掲げていない。

直流電化の山陽本線の終点となる門司駅構内では，交流電化運転切り換え用に電気の流れていない旅客用デッドセクションを，関門トンネル側にホームから確認できる。

左上から時計回りに
ＥＦ81の「富士」（東京ー西鹿児島，日豊本線経由），ＥＦ30の「さくら」（東京ー長崎・佐世保），ＥＦ30の「彗星」（新大阪ー都城），乗用車とそのドライバーを運んだ「カートレイン九州」にもヘッドマークが（汐留貨物駅ー東小倉貨物駅），懐かしの14系食堂車風景，ＥＦ30の「あかつき」（新大阪ー長崎・佐世保），ＥＦ30の「はやぶさ」（東京ー西鹿児島）

EF 81 304
富士
FUJI

EF 30 14
さくら
SAKURA

EF 30 21
はやぶさ
HAYABUSA

EF 30 12
あかつき
AKATSUKI

かつて，九州各地から大阪や東京に向かうには，夜行寝台特急を利用するのが当たり前の時代があった。九州のすべての県庁所在地から乗り換えなしに関西や関東に行ける，特急や急行の夜行列車網が張り巡らされていた。
20系，14系，24系のブルートレインと呼ばれる客車を電気機関車などで牽引するグループと，583系電車寝台特急のグループがあった。同じ愛称でも，客車と電車の特急もあった。
写真は左上から時計回りに，「あさかぜ」（東京－博多）牽引のため鳥栖から単機回送。「さくら」（東京－長崎・佐世保）。ダブルヘッドマークの「明星・あかつき」（新大阪－西鹿児島・佐世保など）。「みずほ」（東京－熊本・長崎）。583系を使用した「なは」（京都－西鹿児島）。「明星」（新大阪－西鹿児島）には臨時特急に20系（手前）も使用。「金星」（名古屋－博多）。「彗星」（新大阪－宮崎など）。

懐かしの夜行特急

九州島内
昼行特急

昭和42（1967）年10月に初登場の九州島内のみを走る特急「有明」（当時はキハ80系気動車）以降，電化区間の進展で，島内昼行電車特急網が充実していく。非電化区間への直通列車はＤＣ急行が補完した。
左上から時計回りに，「有明」（博多－西鹿児島）。昭和45年の鹿児島本線全線電化時は寝台兼用「月光」形583系を使用。「みどり」（博多－佐世保）はボンネット形の485系。「かもめ」（博多－長崎）。「にちりん」（博多－宮崎など）。「由布」（博多－別府）はキハ65・58のＤＣ急行で久大本線経由で走った。このほかに豊肥本線には「火の山」，肥薩線には「えびの」などがヘッドマークを掲げて走った。485系自由席。「有明」は文字のみの表示。当初の特急は文字のみだったが，後にカラフルなイラスト入りヘッドマークに変わる。

橋上駅舎に生まれ変わった門司駅

以前は，昭和17（1942）年に開通した日本初の海底トンネル・関門トンネルを介して，東京や大阪と九州各地を結んで多くの夜行寝台特急，ブルートレインが雁行していたが，今は4種2往復のブルートレインが朝と夜にここを通過するのみ。

駅舎は新しくなったが，ホームにはかつての面影が残る。関門間の通勤電車に交じり，時折，最新鋭の貨物用機関車ＥＨ500が構内を通過していく。門司を出発すると，右手にはＪＲ貨物の門司機関区，新しい北九州貨物ターミナルが門司操車場跡に続く。この後は折尾まで旅客線と貨物線，鹿児島本線と分岐する日豊本線，筑豊本線連絡線などが，複雑にからみあい，車窓の移り変わりを楽しめる。

八幡旧線

戸畑で右手に洞海湾を跨ぐ若戸大橋を見やり，枝光から新線はＪＲ九州一の長名駅・スペースワールドを経由し，直線的に八幡へと向かう。

この区間は平成11年に移設された。それまでは新日鉄八幡製鉄の外壁に沿い大きく迂回していたので，これでちょうど1キロ，鹿児島本線は距離が短くなっている。

写真は昭和63（1988）年のころ。右2線が旅客線，左2線は貨物線が並走していた（枝光－八幡）。

黒崎駅

黒崎駅は，九州で最初にペデストリアンデッキを持った橋上駅。この先で貨物線と立体交差，筑豊本線連絡線が分岐する。筑豊電鉄始発駅でもある。

博多方面へ向かう貨物列車は，陣原の折尾側で鹿児島本線へと合流する。

茶屋町橋梁

枝光－八幡間の変更以前，今から100年以上前にも大きなルート変更が行われている。現在の海岸ルートを走るようになったのは明治35（1902）年から。それまでの九鉄の列車は，創業時から今の西小倉から九州歯科大付近，到津の森公園付近，八幡東区役所裏と内陸部を走っていた。本線を譲ってもしばらくは大蔵線というローカル線として運転は継続されたが，明治44年には廃止された。この１世紀以上前の鉄道遺産が今も残る。八幡東区茶屋町の槻田川に架かる赤レンガ造りの茶屋町橋梁や尾蔵橋梁など。大蔵駅跡は大蔵公園となっている。

折尾駅

折尾駅は明治24（1891）年，黒崎－遠賀川間開業に伴い九鉄が設置。現駅舎は大正５（1916）年11月建築の風格ある２代目。地平を走る筑豊本線の１番ホームの東口正面にあり，歴史を感させる堂々たる構えが美しい。赤レンガの連絡通路や待合室の円形の柱椅子にも趣きがある。筑豊本線の上を直角に鹿児島本線が立体交差する。明治24年には両者とも開業というのは驚き。日本最初の鉄道の立体交差である。

将来，折尾駅にも大きな変化が起きそう。平成18年８月，筑豊本線や連絡線を高架にして，鹿児島本線と同一ホームにする事業が起工。筑豊本線を西に迂回させ，トンネルを介して高架化する大工事で，2019年度完成予定。果たして現駅舎の運命やいかに？

折尾名物・かしわめし

「かしわーめし，かしわーめし」。大きくカーブした鹿児島本線のホームに駅弁の立ち売りさんの声がする。そう，あの名物駅弁，東筑軒の「かしわめし」弁当だ。大正10（1921）年に折尾・直方駅で立ち売りの弁当販売を始めたという。福岡県では唯一，今も立ち売りが続く。かしわ入りうどんもうまい！

遠賀川駅

現在の列車は，遠賀川を渡り，九州新幹線工事の関係で鳥栖駅構内（最寄りは田代駅）から引っ越してきたレールセンターを左に見て遠賀川駅に到着する。ここから，昭和36（1961）年までは芦屋線が，昭和60年までは室木線が分岐していた。

遠賀川駅は，明治23（1890）年９月の赤間－博多間開業に続く，11月の遠賀川－赤間間の開業に伴い九鉄が設置。写真は昭和40年代の遠賀川駅風景。室木線のＳＬ列車が休憩する中，大阪行き急行電車「つくし」が通過する（昭和46年３月）。

城山トンネル

海老津の先の城山トンネルの下り線は赤レンガ造り。九鉄時代にはトンネルはなく，城山峠を23パーミルという急勾配で越えていたが，国有化後，複線トンネルで峠を抜けることとなる。この時に掘られたのが，明治42（1909）年開通の城山トンネル。明治のトンネルが今も現役で生きている。

昭和36（1961）年の電化に際しては，架線を張る高さが不足して，新たに上り線用トンネルを掘り，単線下り線として使用するというエピソードもある。複線用トンネルの真ん中に，架線が張られている様子がよくわかる（海老津－教育大前）。

海老津赤レンガアーチ

城山峠の海老津側に残る旧線の赤レンガアーチ橋。九鉄時代の明治23（1890）年から約120年間生き残った。下り電車が海老津を出てしばらく，築堤が尽きる所の左手に，走る列車からも見える。

多々良川

広大な香椎操車場跡に造られた千早駅周辺には次々とビルが建ち，副都心作りが進む。鹿児島本線は香椎から千早，多々良川を渡り貝塚付近までと，西鉄貝塚線のほぼ隣を走る。千早で分岐して福岡貨物ターミナルに向かう貨物線と，西鉄貝塚線の名島川橋梁（大正12年竣工），ＪＲ鹿児島本線の鉄道３路線の橋梁と，国道３号線の名島橋（昭和８年完成の７連アーチ橋）を加え，多々良川河口近くで４つの橋が競演する。

香椎・千早・箱崎駅

香椎は，明治23（1890）年９月に九鉄が開設した駅で，平成８年３月に開業の現駅に改築前の木造駅は，初代八代駅舎を移築したものだった。

千早は，香椎副都心土地区画整理事業に伴い，ＪＲ九州が平成15年７月７日に新設開業した駅。

箱崎は，明治23年３月に九鉄が開設。平成14年12月に下り線が高架となり現在地に移転。それまでは筥崎宮の裏手にあった。平成16年３月の上り線高架化で，高架事業完成。次の吉塚も平成16年に完成の高架駅。

九州鉄道発祥の地

博多駅は九鉄が開通した明治22（1889）年に開業。当時は現在より約600メートル北西の博多区役所付近一帯にあった。明治42年にはレンガ造りのルネサンス建築の駅舎に改築。昭和33（1958）年から始まった区画整理のため，昭和38年に現在地に移転。

旧駅跡の出来町公園には「九州鉄道発祥の地」碑が建つ。明治24年，門司港に九鉄の本社が移転するまで，仮本社が博多に置かれていた。

博多駅の赤帽さん

昭和50年代まで，乗客の手荷物を駅頭から列車まで１個100－200円程度の料金で運んでくれた。

博多駅

福岡県はもちろん，ＪＲ九州の拠点駅。列車発着本数，乗降客数ともに九州一。各地から特急列車が博多を目指す。山陽新幹線も，本州から小倉から，また博多南からもお客さんを運び続ける。地下には昭和60（1985）年に開設された地下鉄・博多駅があり，天神や東西の街を直結する。九州新幹線の工事も始まり，ホームの様子も激変した。昭和38年に現在地に移転してきた駅ビルも，そろそろ見納め。写真は平成18年５月の博多駅。

あさかぜ出発式

「ヨンサントオ」改正と呼ばれる昭和43（1968）年10月1日の博多駅での寝台特急「あさかぜ1号」の出発式の様子。この日から東北本線が全線電化，複線化するなど，全国的なダイヤ大改正が行われ，九州地区でも「金星」「彗星」「明星」「にちりん」が新特急の仲間入りを果たし，特急増発も行われた。

右の上3枚は無料で配布された各列車の誕生記念券で，裏面には編成や停車駅と時間の案内が印刷されていた。一番下は，昭和45年10月1日，鹿児島本線全線電化完成の記念入場券。裏面には同様の案内がある。

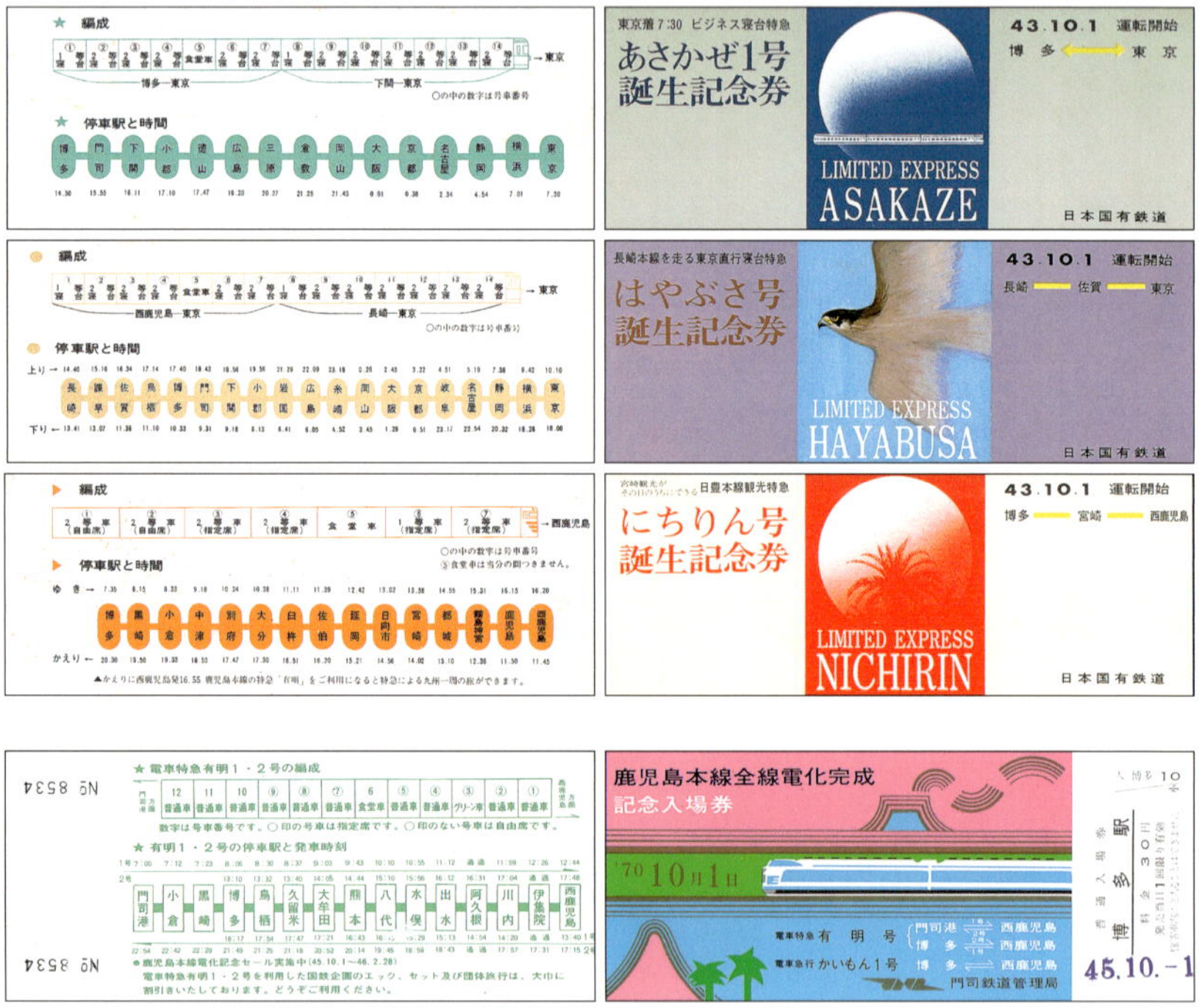

懐かしの急行電車

昭和40年代の475系急行電車。ヘッドマークは折り畳み式で，真ん中からパタンと折り返した。左上から時計回りに，「ぎんなん」（博多－熊本），「はやとも」（広島－博多），「ゆのか」（博多－大分），「玄海」（名古屋－博多），「べっぷ」（新大阪－大分），「つくし」（大阪－博多），「しらぬい」（岡山－熊本）が，昭和48年の博多駅で七変化。モノクロは南福岡電車基地（昭和43年5月）。ボンネット形特急「はと」，急行「つくし」，「山陽」（広島－博多）。

急行
103
ぎんなん
GINNAN

急行
103
はやとも
HAYATOMO

急行
103
ゆのか
YUNOKA

はと
HA TO
つくし
山陽

急行
103
玄海
GENKAI

急行
103
しらぬい
SHIRANUI

急行
103
つくし
TSUKUSHI

急行
103
べっぷ
BEPPU

二日市駅の跨線橋

二日市駅は明治22（1889）年12月，九鉄開業の際にできた駅。開業当時は博多―久留米間で，二日市のほか，雑餉隈（昭和41年に南福岡に改称），原田，田代，鳥栖と，途中駅は5駅しかなかった。現在の駅舎は太宰府天満宮をモチーフにしている。二日市駅の跨線橋の支柱は国鉄の前身・鉄道院の文字入り。

旧九州鉄道城山三連橋梁

天拝山－原田間の築堤に出ると，右手にレンガ橋，国の登録文化財指定の「旧九州鉄道城山三連橋梁」が見える。この付近は大正10（1921）年の複線化に際して線路が移転している。九鉄時代の単線線路跡は，今は狭い道路に転用されているが，数キロにわたり見事に旧線の所在を残す。

下の写真は，橋のたもとに設置された陶製の説明板。開業当初に走った１号蒸気機関車の写真と三連橋の解説，線路移転の地図もつき，わかりやすい。

左は，三連橋の近くを走る現在の鹿児島本線の885系特急「かもめ」（天拝山－原田）。

鳥栖駅

鳥栖駅舎も情感漂う古い駅。明治22（1889）年の創業時に開業した。現駅舎は明治44年建築の２代目。屋根にはレンガ組み煙突と，シブい魅力がある。

３つある長いホームも昔ながらの風情で，支柱には古レールの案内板がかかる。

ホームの立ち食い素うどんは，かしわ入りで，中央軒の「かしわめし」駅弁とともに人気。

268号蒸気機関車

鳥栖は長崎本線とのジャンクション。鉄道の町の象徴だった機関区などの車輛基地は廃止，広大な構内も縮小され，跡地はサッカーの鳥栖スタジアムなどに転用。鳥栖機関区で教材用にカットモデルにされていた268号蒸気機関車が，駅から跨線橋を渡った東側の広場に，復元保存されている。

鳥栖駅の古レール

鳥栖のホーム屋根を支える歴史ある数々の古レール支柱。最古のレールは，九鉄創業時の「1889」刻印入り，ドイツから輸入の古レール。

進行中の九州新幹線工事

肥前旭の手前のカーブに差しかかると，右手の脊振山麓から一直線に高架橋が頭上を跨ぐ。九州新幹線の工事路線である。平成16年３月に新八代－鹿児島中央間が部分開通，2011年春の博多までの全通を目指し，九州新幹線工事がたけなわ。久留米以南は瀬高手前までずっと左手を新幹線が並走し，そのほとんどの区間で高架が立ち上がっている。

写真は船小屋－瀬高間（平成18年秋）。

久留米駅（右）と羽犬塚駅（上）

久留米駅は明治23（1890）年３月１日の開業時に設置され，現在の駅舎は昭和43（1968）年にできたもので４代目。駅前にはからくり時計がある。新幹線駅となる久留米駅は大工事に入っており，新幹線と一体化した橋上駅舎に生まれ変わるという。

平成８年に改装され２代目となる羽犬塚駅も駅舎上を新幹線高架橋が通るので，この駅舎は姿を消した。明治24年，久留米－高瀬（現・玉名）間開業の際に設置。昭和60年までここから矢部線が分岐していた。

銀水駅

古いが何とも風格のある駅舎の銀水は，ふと途中下車したくなる木造駅舎。大正15（1926）年，鉄道省により開設された。

鹿児島本線はこの先，荒尾から熊本県。熊本で豊肥本線，宇土で三角線が分岐，八代で一旦オシマイ。八代で肥薩線と旧鹿児島本線の肥薩おれんじ鉄道の二股に分かれる。川内で鹿児島本線が復活し，鹿児島中央の次，鹿児島駅まで続く。

瀬高駅

瀬高ではホームにレンガ造りのランプ小屋を発見。趣のある風景の中，鹿児島本線の看板特急「リレーつばめ」が到着する。瀬高は明治24（1891）年に「矢部川」として開設され，昭和31（1956）年に瀬高と改称。現駅舎は昭和54年改築の３代目。ここからは昭和62年まで佐賀線が分岐していた。

3 兄弟路線の明暗

香椎線

JR香椎《かしい》線は明治37（1904）年、西戸崎《さいとざき》－須恵《すえ》間が博多湾鉄道（後の博多湾鉄道汽船）の手で開業したことから始まる。戦時中の昭和17（1942）年、陸上交通事業調整法による鉄道の5社合併で西鉄糟屋《かすや》線、さらに昭和19年には戦時買収で国有化され、国鉄香椎線を経て、昭和62年の国鉄の分割民営化によりJR九州香椎線となった。

香椎線は西戸崎－宇美《うみ》間の路線で、香椎で乗客が入れ替わる。

北から西に進む西戸崎方面は、香椎の次の和白で西鉄貝塚線に連絡。お隣に駅があり、乗り換えに便利。

奈多《なた》や雁《がん》ノ巣《す》までは住宅地で、雁ノ巣の先の松林を抜けると、志賀島へと延びる砂嘴《さし》の一番くびれている所を走る。右手はすぐ玄界灘だが、近年、高さのある立派な防砂柵が完成し、海は一瞬しか見えなくなった。

左手に博多湾をすぐ脇に見ると、終着、行き止まりの西戸崎に到着する。鉄路はここで果てるが、この先には美しい海の志賀島が待っている。

香椎から南側では、次の香椎神宮が香椎宮への最寄り駅。土井ではすぐ上を山陽新幹線が高架で横切る。

長者原《ちょうじゃばる》は篠栗《ささぐり》線と立体交差する連絡駅で、ここでも相互間の乗り換えが多い。当初は直角に交差するだけの地点だったが、昭和63年に駅が新設されると利便性が向上した。

酒殿《さかど》に近づくと、右手に三角形の山が2つ見える。ボタ山だ。国鉄志《し》免《め》炭鉱の竪坑櫓《たてこうやぐら》も遠望できる。

酒殿からは、廃止された勝田《かつた》線・志免駅へ向け、貨物支線も設けられていた（昭和60年全廃）。

炭鉱の閉山から歳月が経ち、ボタ山には樹木が繁るが、この香椎線沿線にも粕屋炭田と呼ばれる多数の炭鉱があった。そもそも、この路線自体がこれらから掘り出される石炭を、西戸崎の港に運ぶ目的で建設されたのだった。今では住宅地を走る路線だが、志免、須恵、新原、宇美と、炭鉱からこの線は始まった。これらの歴史を知ってか知らずか、今は旅客列車だけが走る。

左上＝福岡地区で唯一残る志免炭鉱のボタ山が見える（長者原－酒殿）
左下＝時計回りに，土井，雁ノ巣－海ノ中道，西戸崎駅，宇美駅
右＝須恵の皿山公園に保存されているC11形蒸気機関車

U
宇美駅前広場

西戸崎駅

勝田線

昭和60年４月１日
吉塚ー筑前勝田
13.8キロ廃止

廃止時の駅
[吉塚]ー御手洗ー上亀山ー志免ー下宇美ー宇美ー筑前勝田

勝田線の終点・筑前勝田周辺にも大きなボタ山がそびえていた。元は大正７（１９１８）年に筑前参宮鉄道が建設。筥崎宮、宇美八幡宮、さらに路線延長して太宰府天満宮の参拝客を運ぶのが目的だったというが、志免、宇美とも粕屋炭田である。香椎線と同様に、戦時中に西鉄（昭和17年）から国有化（昭和19年）の道を辿っている。

　吉塚から勝田線と篠栗線（篠栗までは九州鉄道が建設）は線路を並列にして２・５キロ走っていた。だが、昭和50年代には、勝田線の列車本数の少なさからか（１日７往復のみ。昼は５時間近く列車は走らなかった）、途中まで篠栗線とレールを共用した。

　線路敷跡は、終点・筑前勝田まで単線の原形を留めて遊歩道として残っている。ほとんどの廃止線跡が拡幅して自動車道路に転用されている中で、これは特筆に値する。

上＝左の駐輪場が勝田線跡（篠栗線・柚須）
下＝上亀山駅跡
左＝廃線跡の遊歩道（上亀山ー志免）

廃線跡

勝田線は今の篠栗線・柚須駅から右へカーブして分かれた。柚須の駐輪場の形が勝田線の線形を表している。

この先，ごく一部幹線道路に削られた箇所を除き，線路敷跡は見事に残っている。

志免駅跡は鉄道記念公園として整備され，ホーム跡や駅名標に線路も残されており，今も現役かと一瞬錯覚しそう。

下宇美駅跡もホームがしっかりと残る。遊歩道はカラー舗装され，美しく整備されている。

宇美八幡宮の裏手の宇美川を渡る鉄橋も遊歩道として残り，さらに進めば香椎線・宇美駅前広場に出る。

終点・筑前勝田付近はすっかり様変わり。道路から一段くぼんでいた駅跡はなだらかな公園に変身し，周囲のボタ山跡も完全に住宅街となった。

右ページ＝筑前勝田駅。大正７年に筑前参宮鉄道の貨物駅として開設され，翌年旅客駅となった。昭和30年代にはエネルギー革命の影響ですべての炭鉱が閉山した。右は昭和58年の駅の様子。駅の後ろにはボタ山が残る。左は廃止間近，昭和59年暮れの筑前勝田駅
左＝昭和43年夏の勝田線。宇美川をC11形蒸気機関車牽引の旅客列車が渡る。ここも現在，遊歩道として残っている（すぐ下の写真）

湾鉄宇美と参鉄宇美時代、国鉄時代も、勝田線と香椎線の両宇美駅は離れていた。遊歩道をトレースすると、現在の香椎線・宇美駅の広い駅前広場の一番奥に、勝田線の宇美駅があったと想像がつく。

　旧勝田線沿線は全線にわたり宅地化されている。今も勝田線が生きていて、15分ヘッドに電車が走っていたら？　惜しいことをした。

上＝宇美川鉄橋跡（下宇美ー宇美）
下＝宇美駅跡。右の遊歩道が廃線跡

上＝志免駅跡
下＝下宇美駅跡

左＝筑前勝田駅をボタ山の上から望む。昭和40年代，昼間には１両ポッキリのディーゼルカーも走った。今はこのボタ山の跡地は公園や住宅街となっている（昭和45年４月）

上＝昭和45年ごろの筑前勝田駅入口。現在は歩道として整備されている

下３枚＝筑前勝田駅の様子。駅長さんも勤務した（昭和45年）

西鉄
貝塚線

平成19年４月１日
西鉄新宮－津屋崎
9.9キロ廃止

廃止区間の駅
［西鉄新宮］－古賀ゴルフ場前－西鉄古賀－花見－西鉄福間－宮地岳－津屋崎

和白で連絡するＪＲ香椎線（かつては糟屋線と呼ばれた）と西鉄宮地岳（当初は宮地嶽）線（現・貝塚線）は、実は兄弟だった。

宮地嶽線は博多湾鉄道から社名を改称した後の博多湾鉄道汽船により、大正13（１９２４）年5月に新博多（福岡市内線・千鳥橋）－和白間10・7キロが開通。翌大正14年7月、和白－宮地嶽12・5キロ開業。沿線の筥崎宮・香椎宮・宮地嶽神社への参詣輸送に加え、路線を飯塚へと延長して、筑豊炭田の石炭を西戸崎港に運ぶことを目指した壮大な路線計画だった。

その後、昭和17（１９４２）年に西日本鉄道に合併、同社の宮地岳線となる。

宮地岳線に乗り入れの形の千鳥橋－貝塚（駅名は西鉄多々良《たたら》、競輪場前から変更）の福岡市内線貝塚線が昭和54年に廃止されると、貝塚が宮地岳線の起点となる。地下鉄箱崎線と同じ駅舎内で連絡する。

貝塚の右手奥の貝塚線の車輛基地、多々良工場をかすめ、多々良川を渡る。走る電車は昭和生まれの冷房付きとなったが、ここの橋は開業前年の大正12年に竣工した美しい連続アーチ橋で、沿線随一のビューポイントだ。

名島から線路は高架に上がる。線路は元香椎操車場跡地の開発で、平成16年に国道3号線寄りから、ＪＲ鹿児島本線に寄り沿うように変更された。名香野《なかの》を改称の西鉄千早に到着。ＪＲ千早も同じターミナルで乗り換えも便利。さらに平成18年5月には香椎宮前、西鉄香椎までが高架駅となり、連続立体化事業が完成、福岡市東部の副都心・香椎地区のさらなる発展が期待される。

香椎花園前最寄りの「香椎花園」は、西鉄直営の遊園地。特に春は桜、チューリップ、ポピーなどが咲き乱れて美しい。

唐《とう》の原《はる》を過ぎると、香椎線が右手に寄り添う。両線は和白構内で平面クロスしていたが、昭和41年に立体交差が完成。こちらが香椎線を乗り越すから、左手の埋め立て地の向こうに博多湾が望める。

三苫《みとま》までは住宅街となった。ひと昔前まで田んぼと山だけだったのが信じられない。西鉄新宮までも、途中に空き地を見つけるのが難しい状況となっている。

そして平成19年4月1日、この先、津屋崎までが廃止となった。玄海国定公園内で、沿線の開発が遅れたことも一因との見方があるが、単線での所要時間が災いした。

西鉄新宮から古賀ゴルフ場前にかけて、美しい松林の中を電車は駆け抜けた。西鉄古賀、花見、西鉄福間は古くからの住宅街を縫って走った。松林の向こうには、玄界灘の綺麗な古賀、福間、宮地浜、津屋崎の各海水浴場が連なる。沿線の美しい海へ、のんびり電車で行く楽しみが消えた。

右＝貝塚駅の横にある貝塚公園に保存されているキューロク（9600）形蒸気機関車と20系ブルートレイン
左ページ
上＝大正12年竣工の名島川橋梁。長さ210メートルのコンクリート橋で多々良川を渡る（貝塚－名島）
下左＝ＪＲ香椎線と立体交差（和白－三苫）
下右＝平成18年５月，高架駅に生まれ変わった西鉄香椎駅。大正13年に湾鉄の「新香椎」として開業し，昭和17年に「西鉄香椎」と改称

西鉄香椎駅

宮地岳線の思い出

上の写真は，平成19年３月に運行されたさよなら電車。

右は，平成19年に廃止された駅舎たち。左上から時計回りに，古賀ゴルフ場前，西鉄古賀，花見，西鉄福間，宮地岳，津屋崎の各駅。

下は，あたたかい光が差し込む終点・津屋崎近くの車内風景。

懐かしの電車たち

昭和50年代までは博多湾鉄道時代の古い車輌も運行されていたが，その後は西鉄大牟田線から転籍の車輌のみで運転。昭和60年代初めまで冷房車はなかったが，開いた窓からの潮風が心地良かった。

昭和26年の廃線跡

西鉄福間の先に昭和26（1951）年に廃止となった廃線跡が，かなりしっかりとした形で今も残る。築堤が一直線に延び，すぐにそれとわかる。遠く飯塚を目指して宮地嶽神社近くの終着・宮地嶽駅に向かっていた旧線の福間－宮地嶽の区間だ。

奥に見える電車線が，新たに津屋崎に延伸された区間。福間を出た電車は，この付近で新線に入って左にカーブし，移転した宮地岳駅を経由して終点の津屋崎へと向かっていたが，これも平成19年３月31日限りの風景となった。

秘められた歴史を訪ねて

筑肥線

昭和58年３月22日
博多－姪浜11.7キロ廃止
東唐津－山本7.4キロ廃止
虹ノ松原－東唐津路線変更

廃止区間の駅
[博多]－筑前簑島－筑前高宮－小笹－鳥飼－西新－[姪浜]
[東唐津]－鏡－久里－[山本]

筑肥線は、私鉄の北九州鉄道により大正12（1923）年に開業。昭和10（1935）年にかつての博多－伊万里間が全通、昭和12年に国有化された。

筑肥線は、姪浜からは今も走り続ける。昭和58年電化完成、地下鉄へ乗り入れ開始。平成12年、筑前前原までを複線化。

下山門《しもやまと》から今宿《いまじゅく》にかけて、「生《いき》の松原」に続く松林を抜け、今津湾を望む。新しい九大学研都市は高架駅。筑前前原までは完全に福岡都市圏で、ここで福岡空港へ折り返す電車も多い。

糸島半島を横切り、筑前深江を過ぎれば、玄界灘へと続く美しい海岸線に沿って走る。鹿家《しかか》と浜崎の間で県境を越え、佐賀県唐津市となる。

虹ノ松原手前から東唐津にかけて、手入れのいき届いた「虹の松原」の南の縁を延々と走る。東唐津を出て松浦川を渡り、和多田《わただ》の次が唐津市の中心・唐津駅。

実は先の電化開業時にこの付近でも廃止線が出た。東唐津－山本7・4キロ。

現在、虹ノ松原を出た電車は次第に高架となり、東唐津に到着する。高架は昭和58年からの電化新線区間で（呼子への未成線に終わった呼子線の一部を利用）、旧線の筑肥線は高架になるあたりから虹の松原を抜け、松浦橋のたもとへ。現在の駅より1キロほど河口側へ寄った位置、今はホテルが建つ所に旧東唐津駅があった。旧線は東唐津の先の松浦川の500メートル余りの鉄橋が造れず、行き止まり。列車はスイッチバックして山本へ向かっていた。

飛び線で、非電化で取り残された筑肥線・山本－伊万里間。今は唐津から山本まで唐津線を使い、終点・伊万里に向かう。松浦鉄道（旧JR松浦線）とを結んだ線路も分断され、伊万里は行き止まり駅となっている。

福岡市内にも、姪浜《めいのはま》での地下鉄との相互直通運転のためと、廃線の事情は違うが廃止線がある。

それは、博多駅から南に迂回し、城南区を通り姪浜へと向かっていた、博多－姪浜11・7キロの筑肥線。

筑前簑島《みのしま》駅跡から先は、筑肥新道としてすっかり道路への転用が完了した。筑前高宮は西鉄大牟田線・平尾駅のすぐ近く。朝のラッシュ時など筑肥線と西鉄電車の乗り換えで、大賑わいだったことを思い出す。

かつて沿線は、田んぼと平屋が目立つ住宅地だったが、今はマンションが林立する風景へと変わっている。

廃止された駅たち

上の写真は，廃止直前，昭和58（1983）年１月の筑前高宮の朝のラッシュの様子。乗り換え駅・西鉄平尾へ大勢のお客さんが向かう。右の列車は長崎行き急行「平戸」。下は昭和50年代の駅の様子。左から時計回りに，筑前簑島，筑前高宮，小笹，鳥飼，西新。

前ページは，日赤通りを踏切で横切る筑肥線（筑前蓑島－筑前高宮，昭和58年３月）。

筑前蓑島駅跡。博多駅寄りの一部のよう。右は現役時

那珂川筑肥橋。欄干がＳＬに見える

室見川筑肥橋のＳＬ動輪のモニュメント

廃線跡(博多一姪浜)

筑肥線の路線の一部は今も竹下の車輛基地への回送線として利用されているが，これが鹿児島本線と分かれ筑前簑島へと向かう右への緩いカーブが，廃線跡遊歩道として残る。

ホームと駅名標のモニュメントが建つ筑前簑島駅跡の先は，筑肥新道としてすっかり道路への転用が完了した。

以前は鉄橋だった那珂川筑肥橋を渡り，筑前高宮へと進む。ここは西鉄大牟田線・平尾駅のすぐ近く。

後ろに南公園の山が迫っていた小笹駅跡は周辺の様子がすっかり変わり，その痕跡は見つけられず。

国道202号線をアンダークロスする手前で，再度，廃線跡遊歩道を発見！　緩やかにカーブした緑地で，当時の線形がわかる。

鳥飼駅跡地は城南区役所に。今の地下鉄・西新の１キロ南に西新駅跡，長い室見川筑肥橋を渡り，廃線跡道路は現役の姪浜駅へと向かう。


左＝九大六本松キャンパス付近に残る廃線跡の遊歩道（小笹一鳥飼）

廃線跡（東唐津－山本）

廃線跡は現・東唐津駅の高架下に，かすかにその痕跡を見つけることができる。それから山本方面に向かう工事中の道路が筑肥線跡。唐津バイパスをくぐれば，筑肥線跡は完全に道路への転用完了。

鏡駅跡は定かでないが，久里駅跡には公民館，駅跡碑も建つ。

久里駅の後に川幅のせばまった松浦川を渡っていたが，橋脚は撤去され鉄橋跡の痕跡は見当たらない。山本側に，松浦川に取り付く築堤がわずかに残っている。

右＝山本側の廃線跡の築堤
左＝農道を跨いだ築堤の橋脚跡
（どちらも久里－山本）

スイッチバック駅だった東唐津駅

廃止直前にはボロボロの姿だった鏡駅

久里駅跡碑（左）とありし日の久里駅

現在の筑肥線 普通列車のみが走る路線だが，沿線風景は美しい。上＝筑前深江－大入，下＝肥前長野－桃川。

唐津線

昭和46年８月20日
山本―岸嶽4.1キロ廃止

廃止区間の駅
[山本]―牟田部―岸嶽

唐津（岸嶽や相知《おうち》、岩屋など）・佐賀（多久《たく》ほか）炭田の石炭を唐津港に運ぶ目的で、唐津興業鉄道により明治31（１８９８）年12月１日に開業。

筑肥線の博多方面との接続駅は山本駅であったが、昭和58（１９８３）年に筑肥線の東唐津―山本間が廃止された後は唐津駅で接続。筑肥線の電化とともに唐津線の唐津―西唐津間も直流電化され、唐津からも福岡市営地下鉄空港線への直通運転が開始された。

厳木《きゅうらぎ》駅構内には蒸気機関車時代の名残り、多久への峠越えに備えた給水タンクが残っている。

上＝厳木に残るレンガ造りの給水塔
下＝昭和46年４月の山本駅の様子。キューロクの牽く旅客列車も朝夕に走った。途中駅にも貨車が多数留置され，貨物輸送も盛んだった

甘木鉄道

甘木鉄道は、昭和61（1986）年に国鉄甘木線を引き継ぎ開業した第3セクター鉄道。運転本数を国鉄晩年のわずか7往復から46往復とし、福岡都市近郊鉄道として頑張っている。転換後に立野、大板井《おおいたい》、今隈、山隈の各駅を開設、駅も倍増した。

佐賀県基山駅から発車。次の立野が県境で福岡県に入る。新設の列車すれ違い用信号場を経て、築堤の上の小郡《おごおり》駅に停車。

太刀洗《たちあらい》は駅舎が大刀洗平和記念館になっている。そして甘木線のルーツがここで、陸軍大刀洗飛行場への物資輸送ために、昭和14（1939）年に敷設された線だった。

戦後、飛行場はビール工場となる。C11形蒸気機関車重連によるビール輸送貨物列車も懐かしい。

右手から西鉄甘木線が近づき、仲よく小石原《こいしわら》川を渡ると、車輌基地と甘木鉄道本社のある終着・甘木に到着する。

太刀洗駅

甘木線は，大正８（1919）年に開設された大刀洗飛行場に向かうための路線だった。昭和14（1939）年に建てられた駅舎は，今は大刀洗平和記念館になっている。駅舎前には飛行機も。

大刀洗飛行場跡が，昭和41年，キリンビール福岡工場となってからは，原料搬入と製品出荷のために駅と工場を結ぶ専用線が敷設された。

下の写真は昭和40年代の太刀洗駅。C11形蒸気機関車が牽く貨物列車がキリンビール工場の引き込み線から多数運転された（昭和46年５月）。

左上の写真は，宝満川を渡るC11形重連ビール運搬貨物列車（筑後小郡－松崎，昭和46年５月）。

桜並木をゆく

立野－小郡間にある美しい桜並木。立野駅は昭和62（1987）年11月に設置された新駅。桜並木を過ぎてすぐの所には，すれ違い用の信号所が平成15年４月に新設され，列車の増発が可能に。甘木鉄道になって利便性が格段に向上している。

小郡駅

築堤の上の小郡駅。すぐ下を交差する西鉄天神大牟田線・西鉄小郡との乗り換えの便を図り移転した。小郡駅の手前400メートル，長崎自動車道下には旧筑後小郡駅ホーム跡が残る。

甘木駅

駅舎内には近くの朝倉東高校生徒が経営するお店，E-SHOPがある。全国の農業・商業高校のオリジナル商品を販売し，月・木・土曜に開店。朝倉東高校プロデュースのプリン，「秋月の星葛」がおすすめとか。

石炭の記憶

筑豊本線

筑豊本線は、筑豊興業鉄道により、明治24（1891）年8月30日に若松―直方《のおがた》間が開通したことから始まる。途中、路線名称の変更はあったが、明治40年に鉄道国有法により国有化され、明治42年からは筑豊本線と統一された。昭和4（1929）年12月7日の原田《はるだ》線の全通により、現在の姿となった。

今は、平成13年の折尾―桂川《けいせん》間電化開業で、この区間を福北ゆたか線、北側の若松―折尾間を若松線、南側の桂川―原田間を原田線との愛称で呼んでいるが、若松―原田間66・1キロの正式路線名称は現在もなお筑豊本線だ。

そして、この筑豊本線こそが、かつての筑豊炭田の石炭を運搬した大動脈であった。筑豊本線を基軸として各地の炭鉱を結ぶ支線、引き込み線、専用線が筑豊地区には網の目のように張り巡らされていた時代があった。筑豊本線は、筑豊の繁栄と衰退を見つめてきたと言える。

今も若松―飯塚間は過去の栄光を物語るように複線の設備を持つが、かつては複々線、3複線区間も存在していて、当時の石炭輸送がいかに盛んだったかがうかがえる。

早くから開通した路線ゆえの九州初、日本初の鉄道遺産がここ筑豊本線でも発見できる。そして石炭産業の衰退とともに、廃止線が特に多いのも筑豊本線界隈なのである。

現在は非電化区間（若松―折尾、桂川―原田）、電化区間（折尾―桂川）の3区間に分断された列車運行がなされているが、まだ石炭輸送もあり筑豊本線が華やかだった昭和40年代の蒸気機関車時代を振り返りつつ、今も確認できる鉄道遺産と石炭文化の歴史を中心に見てみよう。

貨物機・キューロク

かつて筑豊本線をキューロク（9600形）の牽く石炭貨物列車が次々と行き交った。キューロクとは，大正2（1913）年から製造開始された，動輪が4つある牽引力にすぐれた貨物用蒸気機関車で，784両が製造された。大正生まれではあったが，昭和51（1976）年1月，北海道で日本最後の蒸気機関車となるまで活躍が続いた。
上の写真は，九州最初の複線区間の筑前垣生―筑前植木で，上り下りの貨物列車が行き違う（昭和44年1月）。
下の写真は現在のもの。若松駅構内には石炭貨車，若松駅前公園にキューロクが，当時の証しとして保存されている。

新旧若松駅

かつて石炭の到着量日本一だった若松駅。最大幅230メートルもの広大な構内にひしめく何百両という石炭貨車。石炭を満載した貨物列車が到着し，カラとなった石炭貨車を牽いてヤマに帰る。構内を忙しく走り回る入れ換え機関車。若松機関区でも，あちらこちらから蒸気機関車の煙が立ち上る。すぐそばの洞海湾の桟橋脇には，うず高く積まれた石炭の山。無数の艀にも石炭が満載されていく……。

そして今，貨物輸送はとうになく，すっかり構内は縮小され，跡地には久岐の浜ニュータウンの立派な高層住宅群が建つ。

明治24（1891）年に開設された若松駅は，昭和59（1984）年に新駅舎となった。今は線路２本だけの始発駅。左が現在，右は旧若松駅。下は，広い若松駅を出発するD50牽引貨物列車（昭和44年１月）。

若松線

若松線は折尾以南が電化されたのに対し，非電化で取り残された。昔ながらに残る複線の道を，藤ノ木，奥洞海，二島，本城と各駅に丹念に停まって折尾へ向かう。

上の写真は若松－藤ノ木間を走る現在のキハ31の普通列車。

二島駅の今昔

二島は明治32（1899）年９月５日に九州鉄道が開設。右は現在のホームの様子。下は二島に到着するハチロクが牽く若松行き客車列車（昭和48年10月）。

折尾駅

筑豊本線２番ホームの鹿児島本線を支える壁には，美しい壁面画が描かれている。懐かしい駅前風景画は遙か昔を偲ばせる。

右の写真は立体交差の様子。１階が筑豊本線で，左が若松行き，右が福北ゆたか線経由の博多行き。２階を乗り越すのが，大分行き特急「ソニック」。折尾の先で鹿児島本線との連絡線が左から寄り沿う。かつては中間まで複々線となっていたが，今は折尾を出るとすぐ両線は合流し，複線となる。

レンガ組みの橋脚跡

中間を出発すると，遠賀川を渡る。今の複線の線路に挟まれてレンガ組みの橋脚跡が残る。この先，筑前植木まで，上り線のみ２線にした３線区間だった残骸である。

九州初の複線区間

筑前垣生（当時は底井野信号場）－筑前植木間が九州初の複線区間との記録がある。明治26（1893）年のことで，九州鉄道の線すらまだ全部単線だったころで，いかに石炭輸送が賑わっていたかを物語る。今は電車が軽快に駆け抜ける。

筑前植木駅

明治26（1893）年，「植木駅」として開設。明治30年10月に筑前植木駅に改称。国鉄時代そのままの古い駅舎で，待合室の壁にかかる大きな鏡は存在感がある。

直方駅

直方はかつて機関区もあり，石炭輸送の大きなジャンクションとして賑わっていた。福北ゆたか線の電化後は，旧機関区の一部が電車基地となっている。ここから，旧伊田線（現・平成筑豊鉄道伊田線）が分岐していた。また，やや距離はあるが，筑豊電鉄・筑豊直方駅もある。

直方駅は明治24（1891）年 8 月30日開設。現在の駅舎は明治43年に建築された木造駅舎で，初代博多駅の駅本屋を移築したものと言われている。昭和63年 3 月に駅舎改築。

勝野駅

明治34（1901）年２月に九州鉄道が開設した勝野駅。右は出発する筑豊本線の旅客列車。左はこれに連絡する宮田線のＣ11牽引旅客列車。昭和40年代は蒸気機関車の客車列車が多数を占めた。

幸袋線

勝野の次の小竹で接続していた幸袋線の廃止直後の幸袋駅舎の様子。幸袋線（小竹－二瀬7.6キロ）は明治27（1894）年12月に筑豊鉄道により開業した。廃止直前には，小竹，目尾，幸袋，新二瀬，二瀬と，1日わずか４往復のみの旅客列車が運転されていた。「赤字83線」中，全国で一番早く昭和44（1969）年12月に廃止された。

新飯塚駅

今や飯塚市の中心となった新飯塚駅。後藤寺線がここから分岐する。平成13年に完成した2代目橋上駅舎。

明治35（1902）年6月15日，九州鉄道が山野分岐点－上三緒駅間（後藤寺線の前身）開通と同時に，貨物業務専用取扱駅として「芳雄」という駅名で開設。昭和10（1935）年2月に「新飯塚」に改称。

後藤寺線

石炭や石灰石を運ぶ貨物線が元となっている後藤寺線は，歴史的に3つの区間に分けられる。

後藤寺（昭和57年に田川後藤寺と改称）－起行（貨物駅。昭和57年廃止）間は，明治30（1897）年に豊州鉄道により敷設された田川線の貨物支線。新飯塚－下鴨生間は，明治35年に九州鉄道が敷設した貨物側線を前身とする筑豊本線の貨物支線。そして下鴨生－起行間は，大正11（1922）年に九州産業鉄道により開業した。

大正9年の旅客営業開始時に，筑豊本線であった芳雄（現・新飯塚）－漆生間が漆生線として分離されたが，昭和18（1943）年に後藤寺－起行間も含めた新飯塚－後藤寺間が後藤寺線となった。これに伴い下鴨生－漆生間となった漆生線は，昭和41年に嘉穂信号場まで延伸されたものの，特定地方交通線に指定され昭和61年に廃止となった。

新飯塚－下鴨生間は後藤寺線に改名していたのが幸いしている。多くの筑豊地区の路線が廃止される中で，奇跡的にＪＲ線として残った後藤寺線は，現在もキハ31単行運転を中心に，上下併せて1日50本の旅客列車のみが走っている。写真は船尾－田川後藤寺間。

飯塚駅の今昔

明治26（1893）年７月に筑豊興業鉄道の手により開設された。昭和63（1988）年まで，ここから上山田線が分岐していた。

駅構内から忠隈鉱のボタ山が見渡せる。昭和40年代には，人気のＣ55，Ｃ57，Ｄ50，Ｄ60形蒸気機関車が牽く旅客列車が，飯塚でも驀進していた。

左の写真は，今の駅構内。ボタ山は健在だが，ずいぶんと樹木が増え，形もおだやかになった。

民営化直後の列車

今，人気のキハ58，65を使用する快速列車。電化前の筑豊本線を，篠栗線経由博多行きが忠隈鉱のボタ山をバックに走り抜ける。山肌にはすでに樹木が姿を現している。（飯塚－天道，昭和62年）

桂川駅

明治34（1901）年12月９日，「長尾」として九州鉄道が開設。昭和15（1940）年12月に桂川と改称。筑豊本線と篠栗線の分岐駅。電化され運行本数も多い福北ゆたか線の快速停車駅であり，特急「かいおう」も停まる。原田線は運転本数が少なく，乗り換え注意。

篠栗線

篠栗線は，篠栗からの石炭を運ぶため，明治37（1904）年に開業していた吉塚－篠栗間を延長，九郎原－城戸南蔵院前間に全長4550メートルの篠栗トンネルを掘り，桂川に接続して昭和43（1968）年全通。平成13年には全線が電化された。今や筑豊と福岡を結ぶ重要な通勤路線となり，朝夕には通勤特急「かいおう」も２往復が走る。こちらも「福北ゆたか線」の愛称がついている。

C55 46

冷水峠越え（筑前内野ー筑前山家）

冷水峠は最大25パーミルの急勾配があり，3286メートルの冷水トンネルもある筑豊本線一番の難所だった。蒸気機関車がまだ健在だったころ，峠越えの蒸機を追いかけたのも，遙か昔。C55，D50，D60形蒸気機関車は特に好きだった。かつてはブルートレインや特急「かもめ」も駆け抜けた。

写真は左上から時計回りに，DD51牽引レッドトレインの雪の峠越え。冷水峠を越えたブルートレイン，特急「あかつき」。筑豊本線を直方，飯塚と経由し，佐世保へと向かう。銀色に青帯はキハ31。黄色はキハ125。現在は1両のみで峠を越える。

モノクロは，朝の原田発若松行き列車。前にC55，後にD60の後補機を従え，冷水峠に挑む姿は人気があった（昭和46年5月）。

筑前山家－原田
上＝かつては田植えも近所総出の仕事だった。C55形旅客列車が駆け抜ける（昭和46年6月）。
下＝年末によく走ったD60形3重連が牽く貨物列車（昭和45年12月）。

原田線

筑豊本線南端も非電化単線で取り残された。今は桂川ですべて乗り換え。最近は使用車種がよく変わるが，１両のみのディーゼルカーが１日７回往復するのみで，昼間４，５時間も列車のない時間帯がある。途中駅にあった列車すれ違い設備もすべて取り外され、原田まで20.8キロ，列車の行き違いはできない。

左は，冷水峠を越える，キハ58など11両の長大編成のディーゼルカー（昭和45年12月）。下は，現在のキハ31（桂川－上穂波）とその車内。

原田駅

明治22（1889）年12月に九州鉄道が開設した鹿児島本線・原田駅の０番線で，筑豊本線は行き止まる。平成11年３月に駅舎が改築された際に，右のレールの機回し線などは撤去されたが，ホームの様子は以前とほとんど変わらない（昭和46年６月）。

草の中に眠る２条のレール（上山田線）

筑豊を支えた鉄路の跡

室木線

昭和60年4月1日
遠賀川ー室木11.2キロ廃止

廃止時の駅
[遠賀川]ー古月ー鞍手ー八尋ー室木

沿線の中小炭鉱から産出する石炭輸送のために明治41（1908）年7月1日、官設鉄道として開業した室木線。鉄道ファンの間では、ハチロク旅客の走る線として親しまれていた。

室木線跡はそのほとんどが道路に姿を変えている。唯一の確かな痕跡は鹿児島本線と並走して渡る西川に架かる鉄橋くらい（写真1）。

左に緩くカーブした路盤跡も数百メートル残るが、道路転用工事が始まっている。その先は立派な道路への転用が終点・室木まで終了しており、その痕跡を探すのは難しい。たんぼの中をほぼ一直線に、また緩やかなカーブで突き切るのが、線路跡を証明するくらい。

鞍手《くらて》駅跡には地元の物産販売施設が建ち、広い空き地と、駅前に位置していたであろう農協の古い倉庫が昔、駅があったことを物語る（2）。八尋《やひろ》駅跡はバス停に名残りを見つけるが、住宅地となりつつある（3）。

室木駅跡に至っては広い構内を事業所などが完璧に占有し、昔の面影は一切ない（4）。駅前の商店の並びだけは変わっていなかった。

左＝遠賀川ー古月間に当たる水路。橋脚部に室木線の痕跡が残る

上左・左＝懐かしの終点・室木駅。長らく蒸気機関車のみが走る路線だったが，廃止直前ディーゼル化された
上右＝室木駅を出発するハチロク牽引の旅客列車（昭和47年12月）
下＝ハチロクがバック運転でゆっくりと室木を目指す。右横の写真は同じ水路の今

6

1

2

3

4

5

香月線

昭和60年４月１日
中間ー香月3.5キロ廃止

廃止時の駅
［中間］ー新手ー岩崎ー香月

香月《かつき》炭鉱の石炭を運ぶため建設されたミニ路線の香月線。明治41（1908）年7月1日、帝国鉄道庁九州線（貨物支線）として開業。翌年10月に筑豊本線（貨物支線）となったものの、明治44年10月1日に旅客営業を開始し、香月線となった。国鉄の廃線は線区ごとに実施されたので、香月線と命名されたばかりに廃線の憂き目にあった。

廃線跡はほとんどが道路に転用されている。

中間《なかま》駅前には「旧香月線起点地」のモニュメント（写真1）。この先は「もやい通り」という道が廃線跡。「屋根のない博物館」と命名された遊歩道で、モアイ像にスフィンクスなど、世界の石像が30体、長さ430メートルにわたって続く（2）。

新手駅跡と岩崎駅跡間で筑豊電鉄の下をくぐった（3）。終点・香月駅直前は遊歩道として残る（4）。香月バス停前には香月駅名標が建つ（5）。香月駅跡は西鉄北九州バスの香月営業所となっているが、廃線前の香月駅構内の炭積場跡（6）。

上２枚＝行き止まりの香月駅ホームと駅舎（昭和60年）
右＝ハチロク（8620形）が牽く客車列車に乗って朝の通勤（岩崎、昭和48年10月）
下＝廃止直前の昭和60年春（岩崎ー香月）

宮田線

平成元年12月23日
勝野ー筑前宮田
5.3キロ廃止

廃止時の駅
［勝野］ー磯光ー筑前宮田
磯光ー（貨）菅牟田

宮田線は、明治35（1902）年、貝島炭礦専用の貨物線として九州鉄道により開通、後に筑前宮田駅（旧桐野）までを国有化したミニ路線。

唯一の中間駅・磯光からは貝島大之浦3坑・5坑への専用線が分岐。終点・筑前宮田にも坑口があり、さらに大之浦鉱へと向かう専用線が延びていた。

貝島炭礦が設置した私立の小学校校舎跡を利用した宮若市石炭記念館がある。ここで見た地図には、最盛期の延長12キロにも及ぶ貝島炭礦の専用線の様子が示されている。

敷地内には、貝島炭礦の専用線で

上＝ありし日の磯光駅（昭和63年）
左＝左から
筑前宮田で出発を待つC11旅客列車（昭和46年）
筑前宮田駅（昭和63年）
磯光駅に菅牟田貨物支線からの石炭列車が到着（昭和46年）

働いていた米国製アルコ22号機が、往時を偲ばせる美しい姿のまま保存してある（写真1）。小竹町中央公民館のグランドにはアルコ23号機が、また貝島炭礦のドイツ製コッペル32号機が直方市石炭記念館に保存してある（2）。

左の写真は宮田線の廃線跡。勝野寄りは鉄橋（3）や林を抜ける道床跡に続き、県道461号線と交差していた所に踏切の痕跡。踏切跡から磯光駅跡前後は、拡張され道路に転用（4）。磯光からの貨物支線跡も道路に。

筑前宮田寄りは真っ直ぐに延びる築堤がよく残っている（5、6）。

筑前宮田駅跡の構内に残された広大な空き地が、当時の規模を思い起こさせる（7）。

3

4

5

6

7

右＝露天掘りの大之浦坑を見やり，宮田線の旅客列車が駆け抜ける（勝野一磯光，昭和46年６月）

1

2

漆生線

昭和61年4月1日
下鴨生―下山田
7.9キロ廃止

廃止時の駅
[下鴨生]―鴨生―漆生―才田―（嘉穂信号場）―下山田

上２枚＝昭和61年，廃止間近の漆生駅

漆生《うるしお》線は奇跡的に生き残っている後藤寺線との縁が深い。芳雄（現・新飯塚）や筑前山野へ向かう支線が延長され、今の後藤寺線の上三緒《かみみお》―下鴨生《しもかもお》間も漆生線を名乗っていた時代があった。廃止は線区単位で行われたので、後藤寺線を名乗っていた区間は幸いだった。

廃止時の漆生線は、下鴨生からゆっくりと右にカーブして後藤寺線から離れていたが、その跡は道路に転用が完了している。鉄道線跡らしくカーブも緩く、昔からの住宅街を縫う道の方が曲がりくねって狭い。

鴨生駅跡は鉄道公園の趣き（写真①）。SL型公衆トイレがユニークでよく目立つ（②）。漆生駅跡も公園として整備され、川に張り出していた商店街が廃線跡道路側に引っ越ししている（③）。三井鉱山山野鉱、漆生鉱と、鴨生、漆生の両駅とも石炭積み出し駅だった。

漆生駅に到着するキハ55ほかの普通列車（昭和61年３月）

1

2

3

漆生までは、九州鉄道による大正2（1913）年の開通だが、この先は戦後生まれ、昭和41（1966）年開通と若い区間だった。筑豊横断線の構想で、油須原《ゆすばる》線の一部として着工・完成したものだった。

漆生の次、才田まで廃止線跡は道路となっている。そして才田駅跡は、何とほぼ原形で駅ホームが残る（4）。

この先、こちらも廃止された上山田線に嘉穂信号場で合流するのだが、山寄りの区間を築堤で走り、路線跡が残る。新しい区間は廃線跡も立体交差で立派（5）。

4

5

上山田線

昭和63年9月1日廃止
飯塚ー豊前川崎
25.9キロ廃止

廃止時の駅
[飯塚]ー平恒ー臼井ー大隈ー(嘉穂信号場)ー下山田ー上山田ー熊ヶ畑ー真崎ー東川崎ー[豊前川崎]

上山田線跡も上山田までの区間はほぼ道路への転用が済み、飯塚と山田を結ぶ、立派な生活道路として利用されている。

上山田までの区間は筑豊鉄道、九州鉄道により明治34（1901）年までに開通し、昭和4（1929）年まで石炭輸送のメインルートとして筑豊本線を名乗っていた、歴史ある線区である。

忠隈鉱のボタ山のすぐ下にあった平恒駅跡の先には、三菱炭鉱第2坑のレンガ組みの炭鉱の巻き上げ機台座が残る。道路が廃線跡（写真1）。

臼井駅跡は切り通しが広がる所だが、数年前まであったホーム跡がなくなった。大隈駅跡は鉄道公園となり、腕木信号も残され、すぐにわかる（2）。臼井駅、大隈駅とも石炭の積み出し駅。大隈から明治平山鉱へ専用線もあった。

そして嘉穂信号場に差しかかるが、この付近のみが道路へ転用されず、

1

2

3

4

廃止線跡が残る（3、4）。

下山田、上山田と広い構内は、すっかり公園や消防所などの用地となって昔の面影はない。石炭を積み込むホッパーや、構内でたむろする石炭貨車・セラやセムがいる風景が懐かしい。上山田から三菱山田鉱へと専用線も延びていた。

上山田からも廃止線跡道路が続くが、それは切り通しを抜け県道441号線に合流し、わずか数百メートルで尽きる。

そしてこの先、熊ヶ畑駅跡の先の熊ヶ畑トンネル入口まで、レールもそのままの完全な姿で残っている（5、6）。これを利用しトロッコ列車も運転される（次ページ）。

熊ヶ畑トンネルの出口から真崎駅跡まで廃止線跡を利用した遊歩道の整備が進められている（7）。真崎駅跡にはホーム跡が残る（8）。

真崎から先は、道路への転用が終了し、日田彦山線・豊前川崎駅構内まで、往時の線形通りの道路が続く。

上山田－豊前川崎間は、漆生線延長区間と同様に、油須原線の一部として昭和41年に開通している。ほとんど踏切もない、新しい高規格線を走る列車の姿も長くは続かず、わずか20年あまりで命を絶たれた。今は東川崎駅跡に碑が残る（9）。

7

6

5

9

8

上２枚＝平成18年10月の「かかしまつり」の日に運転されたトロッコ列車。かつての駅と位置は違うが，熊ヶ畑乗降場が設置され，お客さんは片道300メートルほどの廃線跡の往復運転を楽しめる
左＝以前の熊ヶ畑駅跡

左上＝左が上山田線。右が筑豊本線，飯塚に到着する両線の蒸機列車がちょうど並走となった。
左はＣ11，右はＣ55の牽引（飯塚ー平恒，昭和44年４月）
左下＝忠隈のボタ山と上山田線ディーゼルカー（平恒ー臼井，昭和50年ごろ）

上＝香春岳に見送られ，添田へと向かうディーゼルカー（香春ー上伊田，昭和60年）
左＝大任駅を貨車と客車の混合列車が出発する（昭和45年４月）
下＝上伊田駅（昭和60年）。今，平成筑豊鉄道に同名の駅がある。日田彦山線と平成筑豊鉄道が合流する地点に新駅が作られ，上伊田は復活を果たした

添田線

昭和60年４月１日
香春ー添田12.1キロ廃止

廃止時の駅
[香春]ー上伊田ー今任ー大任ー伊原ー[添田]

添田《そえだ》地区にある炭鉱から掘り出された石炭を小倉港に運ぶ目的で、大正４（１９１５）年４月１日、小倉鉄道が開業したのが添田線。かつては東小倉から香春までも含め、添田線を名乗っていた時代もあったが、起点側の路線名変更で３分の１以下の距離になってしまった。

添田線はしばらく日田彦山線の線路と並走した後、田川線（現・平成

今任駅に到着するディーゼルカー。少ないながらも各駅にはお客さんが待ち受けていた

1

2

3

4

5

6

筑豊鉄道）の上を立体交差していた。この橋脚跡が今も残る（写真1）。

この橋脚前後は廃止線跡の築堤がそのまま残るが、県道204号線との交差部からは終点・添田まで、廃止線跡は道路に転用されている。

今任《いまとう》駅跡は道路脇の広場に（2）。その先は歩道も完備の立派な道路となった廃止線跡が続く（3）。大任《おおとう》駅跡は交通公園となり、腕木信号機やレールなどが残されている（4）。

ここから少し進むと、右手の彦山川に架かるコンクリート橋梁が目に入る。油須原線跡の残骸だ（5）。大任駅跡からこの橋まで、油須原線跡の敷地を使い遊歩道の整備が進む（6）。廃線跡道路は林間の切り通しを緩いカーブで抜け、伊原。添田の市街地に入り、日田彦山線が近づけば、終点・添田。

福岡南部の廃線跡を歩く

矢部線

昭和60年４月１日
羽犬塚ー黒木19.7キロ廃止

廃止時の駅
［羽犬塚］ー花宗ー鵜池ー蒲原ー筑後福島ー今古賀ー上妻ー山内ー北川内ー黒木

矢部線は、終戦直後の昭和20（1945）年、沿線の木材を運ぶ目的で開業。羽犬塚《はいぬづか》駅舎に面した欠き取りホームの0番線から列車は発車した。平成18年秋時点でこれが残るが、新幹線工事でもう風前の灯。鹿児島本線と分かれ左にカーブしていく線路跡は未舗装道で残る。鉄道用地を示す境界標も土手に残されていた。

この後は2車線道路に拡幅・転用されているが、花宗駅手前でオーバークロスしていた道路の橋脚部分だけ、道が狭い。単線鉄道・矢部線の残影が見える（写真1）。鵜池《うのいけ》駅跡には地元物産館が建つ（2）。

筑後福島は八女市の中心駅だった所。駅跡は鉄道記念公園として保存され、ホームや線路が残る（3）。

1

2

3

4

駅跡には八女伝統工芸館も建つ。
かつて廃線跡道路は、黒木へ向かう国道442号線と交わる、筑後平野から山間の鉄路となる地点で尽きていたが、今はさらに奥へ開通。渓谷を行く緩やかなカーブの道路は鉄道線跡の特徴をよく表す。

北川内手前の矢部川の支流・星野川を渡ったアーチ形のコンクリート橋梁の一部と築堤がともに残る（[4]）。北へ迂回した線路は峠を2つのトンネルで越える。黒木寄りの中原トンネル内は日本酒の貯蔵庫として利用されている（[5]、[6]）。

終点・黒木駅跡にはC11形蒸気機関車が展示されている（86ページ）。

黒木から先、矢部村への延伸計画があり、矢部線を名乗っていたが、ついにそれは実現しなかった。

上＝北川内駅の先の長野トンネルからは湧き水が。廃線跡に水草が育つ
下＝棚田を突っ切り山間の廃線跡が続く（北川内ー黒木）

上＝筑後福島駅で出発を待つC11形蒸気機関車牽引の貨物列車（昭和46年４月）

右＝筑後福島駅構内で機関車の入れ換え作業中。このころは木材の運搬も鉄道の重要な仕事の１つだった（昭和46年４月）

下＝今も黒木駅跡に保存されている矢部線ゆかりのC11形蒸気機関車だが，金網に囲まれ，走ることはもう２度とかないそうにない

上２枚＝廃止間近の終点・黒木駅（昭和60年３月）
左＝鵜池。沿線には桜の美しい駅が多かった
下＝春爛漫の矢部線。星野川沿いの絶景（山内ー北川内）

佐賀線

昭和62年３月28日
佐賀ー瀬高24.1キロ廃止

廃止時の駅
[瀬高]ー三橋ー百町ー筑後柳河ー東大川ー筑後大川ー筑後若津ー（筑後川信号場）ー諸富ー光法ー南佐賀ー東佐賀ー[佐賀]

佐賀線は鹿児島本線と長崎本線を短絡する目的で昭和６（１９３１）年に建設された。

瀬高《せたか》を出発すると左へ大きくカーブして矢部川を渡ったが、その痕跡は、農道の踏み切り跡に取り残された線路2条のみ（写真1）。矢部川の向こうは立派な道路に転用。百町駅跡碑だけが、かつての存在をアピールする（2）。沖端川付近も廃線跡の道路化工事が進行中。

西鉄大牟田線・矢加部《やかべ》駅下をくぐる付近は単線跡が見事に残る（3）。

柳川市中心の北に当たる筑後柳河駅跡は公園の中に駅跡碑（4）。

筑後大川を経て、筑後川河岸に筑後若津があった（5）。駅跡は整備され、筑後大川寄りには線路跡を利用した遊歩道がある（91ページ）。

そしてこの線のハイライト、筑後川の延長５０８メートルの昇開橋を列車が渡った（90ページ）。今、この昇開橋は保存され、歩いてだが渡ることができる。橋を渡れば佐賀県となる。昇開橋の佐賀県側にも諸富《もろどみ》駅のモニュメントがあるが（6）、実際の駅跡は河岸の先、商工会議所の建つ所であった。

1

3

2

6

5

4

右＝キューロクの貨物列車が佐賀線をのんびりと走っていた（昭和47年４月）。
　女生徒の立つ踏切が1の取り残されたレール
下＝地平にあった旧佐賀駅に到着した佐賀線貨物列車（昭和46年６月）
左＝佐賀線にはホームが１つきりの駅が多かった（東佐賀，昭和46年）

右＝筑後川昇開橋をキューロク貨物が渡る（筑後若津一諸富，昭和46年 7 月）。筑後川昇開橋は昭和10年竣工。当時は東洋一の可動式橋と言われた。正式名称は筑後若津橋梁。橋桁の一部が垂直方向に上下する昇開橋としては日本に現存する最古のもので，国の重要文化財。橋の中央右手に見える小屋が筑後川信号場で，橋を上下させる仕事を行った
上＝歩道橋として現在も現役
下右＝昭和40年代後半，旅客列車はディーゼルカーのみ
下中＝今も大型船の通過時は橋が上がり，通行止めに
下左＝筑後川河岸から200メートルほどの廃線跡が遊歩道として整備されている（筑後若津一筑後大川）

大牟田炭鉱電車

昭和61年，旅客列車廃止

廃止区間の駅
三池港ー西原ー原万田ー妙見ー万田
原万田ー大平ー宮内ー大谷ー平井

隣の熊本県荒尾市と併せ、大牟田は三池炭鉱で栄えた町である。石炭にまつわる遺産も多い。宮原坑跡、万田坑跡、また宮浦坑跡の宮浦石炭記念公園などなど。

そして大牟田の人たちが愛着を込めて呼んだ「炭鉱電車」の三池炭鉱専用鉄道（正式には三井三池港務所鉄道）。

明治11（1878）年に敷設が始まり、明治38年に全通。万田坑や宮原坑など各坑と三池港、国鉄鹿児島本線を結び、石炭や資材の運搬、関連工場間へ原材料や製品を運ぶ貨物輸送を行っていた。また、従業員やその家族の通勤通学用に運賃無料の旅客列車も運転されていた。

大牟田市内を大きく半周する三池浜から三池港への本線と、旭町支線、玉名支線とからなり、昭和55（1980）年当時で、本支線に側線を含ての単線換算長は98キロというから、大規模な専用鉄道だった。

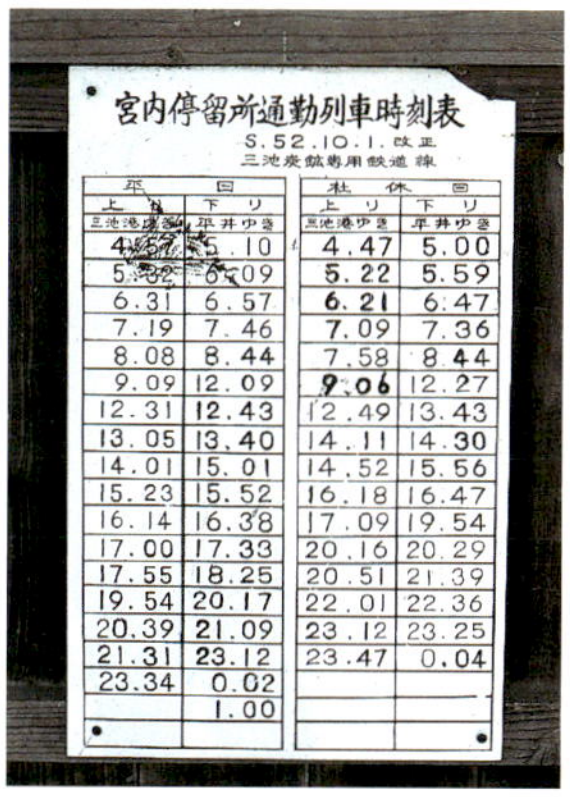

宮内停留所通勤列車時刻表
S.52.10.1.改正
三池炭鉱専用鉄道線

平日 上り 三池港ゆき	平日 下り 平井ゆき	社休日 上り 三池港ゆき	社休日 下り 平井ゆき
4.57	5.10	4.47	5.00
5.32	6.09	5.22	5.59
6.31	6.57	6.21	6.47
7.19	7.46	7.09	7.36
8.08	8.44	7.58	8.44
9.09	12.09	9.06	12.27
12.31	12.43	12.49	13.43
13.05	13.40	14.11	14.30
14.01	15.01	14.52	15.56
15.23	15.52	16.18	16.47
16.14	16.38	17.09	19.54
17.00	17.33	20.16	20.29
17.55	18.25	20.51	21.39
19.54	20.17	22.01	22.36
20.39	21.09	23.12	23.25
21.31	23.12	23.47	0.04
23.34	0.02		
	1.00		

右＝三井港を出た炭鉱電車がゆっくりと西原に近づいてくる（昭和54年）
左＝上から
客車内の様子。きょうのお客さんは幼稚園児
平井駅はホーム１つと機回し線があった
宮内駅時刻表。朝夕を中心にかなりの本数の旅客列車が運転された
夕日を正面に浴び，終点・平井駅で出発を待つ

旅客列車は三池港―万田、三池港―平井間に合わせて平日32往復の運転で、本線は三池港、西原、原万田《はらまんだ》、妙見《みょうけん》、万田の各駅。原万田から分かれる玉名支線には大平、宮内、大谷、平井の各旅客駅があった。

昭和61年に旅客列車廃止、平成9年に貨物輸送も廃止。最後の海底炭鉱も閉山となり、大部分の路線が廃止。唯一、三井化学専用線として旭町支線の旭町から宮浦まで1・8キロだけが生き残っている。この様子は宮浦石炭記念公園から見ることができる。また大牟田市は4両の電気機関車を保存しているという。

上＝夕暮れ時，炭鉱電車が家路につくお客さんを乗せて帰ってくる。本線は複線，
　玉名支線は単線だった（宮内一大谷，昭和54年）
下＝宮浦石炭記念公園から見ることができる現在の西宮浦の様子
左＝高圧線鉄塔下に残る三井炭鉱専用鉄道の廃線跡（西原一原万田）

右＝万田坑跡の線路上には往時のトロッコ車輛も残されている
下＝万田坑の敷地内には，運炭や作業用のトロッコ線が見事に残っている

思い出の路面電車

西鉄
北九州線

昭和55年11月1日，北方線廃止
昭和60年10月20日，戸畑線，枝光線，北九州本線の門司－砂津間廃止
平成4年10月25日，砂津－黒崎駅前間廃止
平成12年11月26日，黒崎駅前－折尾間廃止

かつて北九州市内には、今のJR鹿児島本線や旧大蔵線とほぼ並行する形で、西鉄北九州線の路面電車が走っていた。

明治39（1906）年、小倉軌道合名会社により馬車鉄道が開通。明治41年設立の九州電気軌道により門司、小倉、戸畑、八幡、折尾と、沿線の主要都市を連絡する都市間高速電車として計画・建設された。

昭和17（1942）年の5社合併により西鉄となり、昭和38年の5市合併から西鉄北九州線と呼ばれるようになった。

門司（JR門司港駅からさらに和《め》布刈《かり》公園寄り）―折尾間の北九州本線、戸畑線（大門―戸畑）、枝光線（中央町―幸町）、今の北九州モノレール線にほぼ該当する北方線（魚町―北方）など、総計44・3キロもの緻密な路線網があった。

それも昭和55年には北方線から廃止路線が出始め、平成12年に最後まで残っていた西鉄電車としての黒崎駅前―折尾間5キロが廃止され、北九州から市内電車の灯は消えた。

ただし、黒崎駅前―熊西間0・6キロは筑豊電鉄の運転が継続され、この区間だけ、西鉄の線路は今も生きている。北九州の2両連接車1000形、福岡市内線の1200形、1300形は筑豊電鉄へ転籍し、3両連接車2000形2000番台として、今も活躍中。

左＝西鉄2代目塗色の601系が北九州市内線唯一の手向山トンネルをくぐり抜ける（北九州本線・新町－赤坂，昭和59年）
下＝小倉の路地を北方線の細身電車・連接車331系が行く（魚町－旦過橋，昭和54年）

左＝若戸大橋下の戸畑電停を出発する561系。塗色は３代目

左下＝最後の廃止区間となったＪＲ鹿児島本線との並走区間。601系は塗色４代目（北九州本線・陣の原－折尾東口）

下＝北方線・魚町電停。狭軌のため北九州本線とはつながっていなかった

西鉄福岡市内線

昭和48年1月5日，吉塚線廃止
昭和50年11月2日，貫通線・城南線・呉服町線廃止
昭和54年2月11日，循環線・貝塚線廃止

福博の街から最後の路面電車が消えて30年近く。福博電気軌道や博多電気軌道などにより開通した西鉄福岡市内線は、明治43（1910）年から約70年にわたり市民の足として活躍してきた。貫通線（貫線。九大前－天神－姪の浜）、循環線（天神－渡辺通一丁目－博多駅前－千鳥橋－博多築港前《はかたちっこうまえ》－天神）、城南線（西新－渡辺通一丁目）、呉服町線（呉服町－祇園町）、貝塚線（千鳥橋－貝塚）、吉塚線（千代町－吉塚駅前）、築港線（貨物）の7路線があった。

　昭和39（1964）年の博多駅移転に伴う線路の付け替え（これに伴い住吉宮前、管絃町《かんげんちょう》経由の線路1・2キロが廃止されている）以降の総距離は29・2キロ（宮地岳線部分の貝塚線3・3キロを含む）。

　昭和48年1月に吉塚線から廃止され始め、昭和54年2月11日、循環線・貝塚線の廃止で全廃。

　かつての西鉄福岡市内線のコース

右＝貫通線電車が那珂川を渡り中洲へ（東中洲一県庁前，昭和49年５月）
上左＝廃止直前の昭和53年暮れ。緑橋を渡る循環線501系（緑橋一福高前）
上右＝博多駅前の601系，バスの形も懐かしい（昭和53年秋）
左＝埋め立て前の室見橋を渡り，姪の浜へ（貫通線・室見橋一愛宕下，昭和50年11月）
下＝西鉄大牟田線・薬院で平面交差していた城南線。奥が渡辺通一丁目（城東橋，昭和49年１月）

を今は福岡市営地下鉄がカバーしてはいるが、CO_2問題の今だったらどんな結論が出されていただろうか。

鉄道の旅の楽しみ

由布岳と満開の菜の花がトロＱを歓迎（久大本線）

車窓を旅する

久大本線

久留米と大分を結ぶことから命名された久大本線は、久留米市街を南にグルリ半周し、右手車窓に山容も穏やかな耳納《みのう》連山を眺め、筑後川南端の筑後平野の縁をなぞるように東へと進む。

高良《こうら》大社への高良山登山口は久留米大学前が最寄り。御井《みい》の先では、美しい紅葉が人気の、柳坂曽根のはぜ並木が線路を横切る。善導寺、筑後草野は日田往還街道の旧道に近く、由緒ある名刹や宿場跡の古い町並みが残る。

カッパ駅が出迎える田主丸《たぬしまる》は、筑後川支流の巨瀬《こせ》川の河童伝説に巨峰ブドウなど果樹栽培が盛ん。また蔵と水路の町・筑後吉井でも、河童の像を美しい白壁の町のあちこちに見かける。

次は筑後千足《せんぞく》改め、全国のJRで最初の平仮名駅「うきは」。ここはうきは市の玄関駅。筑後大石の先では柿の木畑が目立つ。やがて筑後平野が尽き、筑後川橋梁を渡ると大分県日田市となる。ブドウ畑が山の斜面を覆う夜明ダム湖そばを走り、日田彦山線と合流する夜明。

大分県に入り筑後川は三隈川と名を変え、さらに上流へとさかのぼれば、水郷・日田に到着する。

その後は玖珠《くす》川をいくつもの鉄橋で渡り、河原に露天風呂がある天ヶ瀬。豊後森に残る豊後森機関区の扇形機関庫は、まぎれもない鉄道遺産。分水嶺を越え、盆地の温泉地、ホームに足湯もある由布院。由布岳に見送られ、大分川とともに下流へ駆け下り、やがて日豊本線に連絡の大分に至ると、ゆふ高原線の愛称を持つ久大本線の九州横断の旅は完了する。

上＝新緑をかき分けて高原列車は駆け抜ける（野矢ー由布院）
右＝夜明駅の駅名標はレトロ調
左＝豊後森機関区扇状庫跡と，扇状庫で保管されていたキハ07（昭和50年代）。キハ07はかつて宮原線で活躍したが，今はピカピカに磨き上げられ，九州鉄道記念館で大切に保存されている。
宮原線は大分県の恵良駅から熊本県の肥後小国駅までを結んでいた路線。久大本線の恵良で接続していたが，昭和59年に全線が廃止された

JR

筑後川の上流・玖珠川の清流に寄り添う（豊後三芳ー豊後中川）

最前列にあるパノラマシートが人気の特急「ゆふＤＸ」がコスモスに包まれて疾走（筑後大石ー夜明）

新緑の中，水分峠を目指す特急「ゆふいんの森」号（豊後中村―野矢）

耳納連山から陽が昇る。筑後平野の夜明け（筑後草野―田主丸）

長崎本線

佐賀県鳥栖から始まる長崎本線は、佐賀と長崎の両県のみを走る。佐賀平野に有明海と、車窓風景も美しい路線。

　沿線の散策地を少しご紹介。吉野ヶ里公園駅と神埼駅は広大な吉野ヶ里公園への最寄り。県都・佐賀は鍋島藩の城下町、長崎街道の古い町並みも見逃せない。鍋島の次の臨時駅・バルーンさがは、嘉瀬《かせ》川河川敷のバルーンフェスタ用。久保田で唐津線を分け、肥前山口で佐世保線を分岐する。

　肥前鹿島を過ぎると有明海に沿い、多良《たら》、肥前大浦、県境を越えて小長井と車窓左手に絶景が広がる。諫早で大村線と島原鉄道に連絡して、終点・長崎に至る。

左＝青く広がる有明海を眺め，美しい車窓とともに特急「かもめ」の快適な旅が続く（多良ー肥前大浦）
上＝神埼駅は超モダンな駅舎が人目をひく
下左から＝コスモス畑が鉄路を彩る（吉野ヶ里公園）。唯一の長崎行きブルートレインとなった「あかつき」。2008年春にはこれも廃止との噂が（多良ー肥前大浦）。朝焼けの中，バルーンが飛び立つ。「かもめ」も臨時駅・バルーンさがに停車（鍋島ー久保田）

佐世保線

長崎本線・肥前山口駅から佐世保駅までを結ぶ48.8キロの路線。有田と終点・佐世保で松浦鉄道に連絡。有明海沿いの長崎本線が開通する昭和9（1934）年まで長崎本線だった歴史ある路線で，途中，武雄温泉や有田など観光地も連なる。特急「みどり」が1時間おきに博多と佐世保を結ぶ。佐世保は高架駅で，武雄温泉も高架工事中。写真は有田焼の玄関駅・有田。平成8年6月，新駅舎に。

大村線

佐世保線・早岐駅から長崎本線・諫早駅に至る47.6キロの路線。佐世保線同様，昭和9（1934）年まで長崎本線を名乗っていた路線で，ハウステンボスまで電車特急が運転されるほか，快速「シーサイドライナー」に象徴されるように，大村湾の東岸を忠実に辿る絶景路線。左の写真は千綿－松原。右は大村線で一番海に近い駅・千綿。

松浦鉄道

ＪＲ松浦線を昭和63（1988）年に引き継いだ第３セクター鉄道。北松浦半島を海沿いにぐるり１周する全長93.8キロの長大路線で，九州最西端を走る鉄道。最西端駅は，国鉄時代は日本最西端駅でもあった「たびら平戸口」。松浦鉄道の旅は海あり山ありで変化に富む。写真は鷹島口－前浜。

島原鉄道

島原半島の東側を３分の２周する鉄道。諫早－加津佐間78.5キロで，諫早湾や島原湾の景色が美しい。南半分に当たる島原外港－加津佐間35.3キロは2008年３月31日限りの廃止届が出されており，雲仙普賢岳山麓を走る区間も含め，あと少しで見納め。写真は災害復旧区間の安徳－瀬野深江間で，ここも廃止対象。

日豊本線

　遙か鹿児島を目指す九州一の長大線・日豊本線の旅は小倉から始まる。鹿児島本線と並走し、西小倉（九州鉄道による開業当初はここが小倉駅だった）で分かれる。

　右にJR九州の車輌の検査修理をする小倉工場を見ると南小倉。北九州モノレールが頭上を跨いで、日田彦山線の分岐駅・城野に到着。

　安部山公園、下曽根と北九州のベッドタウン駅が続く。朽網《くさみ》は北九州空港最寄り駅。次の苅田《かんだ》にかけ周防灘に面して工場地帯。

　平成11年完成の高架駅・行橋《ゆくはし》で元田川線の平成筑豊鉄道が分かれ、南行橋、新田原《しんでんばる》。次の築城《ついき》との間は航空自衛隊の滑走路を避け、山手に迂回する林間の風景。

　豊前松江を出ると初めて左手に周防灘が見えるが、埋め立てが進み、それはほんの少しとなった。

　宇島は豊前市の中心駅で、求菩提《くぼて》山の鴉天狗《からすてんぐ》像がホームで出迎える。吉富を出ると、山国川を渡り、日豊本線は大分県に入り中津に到着する。ここからは耶馬渓を見て、山国川に沿い走る耶馬渓鉄道も走っていた。廃線跡は今もサイクリングロードとして残っている。

　この先、日豊本線は大分、宮崎、鹿児島と各県庁所在地を結ぶが、今、全線を直通する列車は、1本もない。

右＝上から
北九州モノレールが頭上を横切る（南小倉ー城野）
北九州空港最寄り駅は秋の色（朽網）
平成筑豊鉄道の乗り換えホームは日豊本線の上りホームと同じ（行橋）
平成11年完成の行橋高架駅の偉容。モダンなデザインが目をひく
下＝城野駅のホーム。明治時代のレンガ造りの低いホームを，車高が高くなった客車用，さらには電車運転のため高くした。駅ホームの年輪は，その駅の歴史の証人でもある。九州最初の開通区間の鹿児島本線・二日市駅にも，かつてこの痕跡を残すホームがあったが，今は改修で姿を消してしまった
左＝山深き宗太郎越え。日豊本線随一の難路だが，車窓は美しく，緑のトンネルが続く。特急「にちりん」はやがて大分県から宮崎県に入る（宗太郎ー市棚）

日豊本線の特急たち

右＝上から

小倉ー大分間は１時間に２本の割合で走る特急「ソニック」の高速特急街道でもある。883系「ソニック」と885系「白いソニック」（築城ー椎田）

黄の菜の花に赤の485系特急「きりしま」が映える（霧島神宮ー国分）

大きく弧を描く耳川橋梁を渡る485系特急「ひゅうが」（南日向ー美々津）

下＝夕日に885系特急「白いソニック」の純白が浮き上がる（杵築ー大神）

噴煙を上げる桜島を見上げ，錦江湾沿いに日豊
本線の列車は鹿児島を目指す（重富一竜ヶ水）

駅を旅する

日田彦山線

日田彦山線の旅は途中下車、駅のウォッチングが面白い。ユニーク駅あり、年輪を重ねた格調高い駅あり。

日田彦山線は城野で日豊本線から分岐して、筑豊の田川地区を通り、日田へと向かう路線。

しかし大正4（1915）年に小倉鉄道が開通させた時は、昭和31（1956）年に廃止された東小倉から真っ直ぐ南へ進む区間を走り、城野を経由せず石田に達していた。さらに、これも廃止されてしまった添田線を走り、上添田（現・添田）が終点。昭和31年まで東小倉からの全線が添田線だった。

また、日田側は、夜明からの彦山線が昭和12年に宝珠山《ほうしゅやま》まで開通。昭和31年に彦山－大行司《だいぎょうじ》間がつながったことで、旧添田線経由の東小倉－夜明間が全通し、一度、日田線に改称。

香春《かわら》から田川伊田へと昭和32年に短絡線が完成し、田川後藤寺を経由する線を昭和35年、日田彦山線に改称。そして、添田線の廃止で、日田彦山線のルーツの路線名は消えた。

上＝採銅所駅は年輪を重ねた渋い駅舎
下＝香春も香春岳からの石灰石などの発送が盛んに行われていたが，これも過去。貨物列車も今はない。駅舎前に石灰岩が鎮座する

上＝九州最大のセメント発送駅だった石原町駅。石灰岩の高原が広がる平尾台へは，この駅から
下＝呼野はかつてのスイッチバック駅。写真手前に広がるスペースがその痕跡。ホーム跡も残る

右＝呼野ー採銅所間の金辺トンネルで峠を越える。このトンネルも複線仕様
上＝田川市石炭・歴史博物館にある炭鉱電気機関車。２本の煙突と竪坑櫓跡も保存されている

かつて奥の石灰岩の山へと石原町から貨物専用線が延びていた（石原町ー呼野）

右＝上から
田川伊田は平成筑豊鉄道田川線・伊田線の連絡駅
田川後藤寺は後藤寺線と平成筑豊鉄道糸田線との連絡駅。分割民営化で，この付近の廃止線はなかった
上＝池尻駅は昔ながらの駅舎
左＝上から
豊前川崎は悲運の上山田線との合流点
西添田駅。明治36年，九州鉄道が開設した時は添田駅だった
添田線の終点だった添田駅舎はモダンな造り。大正４年に小倉鉄道が開業させた時は上添田駅だった

スロープカー

英彦山へはスロープカーで！　彦山駅前で待つ町営連絡バスで銅鳥居へ。ここにスロープカーの始発駅・幸（ボヌール）駅があり，花公園となっている花（フルール）駅で乗り換え。英彦山神宮の奉幣殿脇の神（ディウ）駅に運ばれる。これまで奉幣殿へは，延々と続く急な石段を歩いて登るしか方法がなかったが，本当に楽になった。眺望絶景の所要時間は，わずか15分。最新型モノレールは勾配の変化に応じて，車輌を常に水平に保つ機能付きのスグレモノ。
お客さんの増加で，平成19年春には全国的にも珍しい２両編成の新型車がお目見えした。

上＝桜並木が美しい宝珠山駅も味わい深い木造駅舎。九州唯一の例として，ここ宝珠山駅のホームに福岡県と大分県の県境がある。大行司寄りの６割が福岡県だそうで，ワンマン列車は後ろ乗りの前降り。乗る人は福岡県から乗り，降りる人は大分県なんてことがあるのかな？

下＝大鶴はレトロな木の改札口のある駅。大鶴，今山と日田杉の美林に囲まれて走り，夜明で久大本線に合流する

上＝釈迦岳トンネル（4379メートル）の出口にあるのが，山小屋風駅舎の筑前岩屋。駅前には釈迦岳からの湧水の水汲み場があり，連日たくさんの人が訪れる

下＝大行司は石段を71段下った所に駅舎が建つ。白ペンキで化粧されたレトロな風情にホッと一息つく。駅ホームの眼下，停車中の列車から，宝珠山小学校の校庭をはさみ，旧宝珠山中学の懐かしい木造校舎が見える

釈迦ヶ岳越え。車窓はいよいよ山が深まり，
穏やかな里が流れる。美しい棚田を眺め，
アーチ橋を渡る（彦山一筑前岩屋）

小さな電車に揺られて

筑豊電気鉄道

黒崎駅前から2つ目、熊西までは西鉄の線路を走る。昭和31（１９５６）年の開業後から、熊西で筑豊電鉄が西鉄に乗り入れる方式だったので、折尾への西鉄北九州線が廃止された後も、この形は変わらない。筑鉄の電車は、西鉄北九州線への乗り入れを前提としていて、すべて路面電車タイプとなっている。

熊西から正真正銘の筑鉄線に入り、次の萩原を過ぎると高架になり穴生《あのお》。路面電車が高架を走る。筑鉄は全線複線で専用軌道を走り、道路併用はない。

森下、今池と閑静な住宅街を走る。永犬丸《えいのまる》、三ヶ森と丘陵地にマンションが目立つ。付近には灌漑用ため池が点在していたが、それらは埋め立てられ新しい住宅地となっている。西山から通谷にかけてアップダウンが続く。

筑豊中間の先で香月線跡の道路が下をくぐり抜け、鉄橋を渡ると土手ノ内。筑豊香月と楠橋《くすばし》の間で初めて田園地帯となる。

楠橋には筑鉄電車の車庫。楠橋の南で山陽新幹線が頭上を越える。新《しん》木屋瀬《こやのせ》は平成16年開設の筑鉄で一番新しい駅。

木屋瀬は長崎街道の宿場町。筑前六宿の黒崎の次に当たる。次が飯塚、内野、山家、原田と続く。途中下車して、遠賀川寄りの街道筋の古い町並み散策も楽しい。

直方市に入り、遠賀野《おんがの》、感田《がんだ》は長崎街道に沿うように走る。そして右にカーブすると、全長３７０メートルの遠賀川橋梁を一気に渡る。左後方に直方の象徴・福智山を眺め、広い河川敷の緑に気分爽快。

橋を渡り終えると、終点・筑豊直方に到着する。終着駅は高架線がチョン切れたような行き止まり。飯塚を経由し福岡を結ぶ計画だった。

右＝かつては線路のすぐそばにため池があったが，今ではそのほとんどは埋め立てられ，住宅街となっている（今池ー永犬丸，昭和54年）
上＝菜の花から新緑と，河原の季節が移りゆく。遠賀川を渡り終えると，終点（感田ー筑豊直方）
下＝終着・筑豊直方は高架線の行き止まり
左上＝かつて熊西の200メートル西で西鉄北九州線が分岐した。右手奥の折尾からの電車が，筑豊電鉄電車の通過を待つ。平成12年の北九州線廃止で，今，線路跡は更地となっている（熊西ー萩原）
左下＝楠橋ー新木屋瀬間では新幹線が頭上を横切る

きっぷ活用の旅

平成筑豊鉄道

平成筑豊鉄道は、平成元年10月1日に、伊田（直方－田川伊田16・2キロ）、田川（田川伊田－行橋26・3キロ）、糸田（金田《かなだ》－田川後藤寺6・9キロ）の元JR3線が、第3セクター鉄道に転換され誕生した。

平成筑豊鉄道巡りは「1日フリーきっぷ」1000円が便利。直方－行橋の片道運賃だけでも900円かかり、1度途中下車するだけでも元がとれてしまう割安なきっぷだ。

直方、金田、田川伊田、行橋などの有人駅のほか、列車内でも買える。運転本数も多く、乗り潰し、駅ウォッチングにもうってつけで、通年の発売。平成筑豊鉄道にはユーモア駅や車窓の美しい区間も多い。全線全駅下車に挑戦するのもおもしろい。

田川伊田と上伊田の間は日田彦山線と線路を共用。写真は平成18年秋に走った，国鉄色キハ58を使った平成筑豊鉄道の臨時列車。冷房車なのに列車の窓が開けられているのがおもしろい（田川伊田ー上伊田）

次ページ上＝遠賀川を渡る２本の線路。複線を支える橋脚はレンガ組み（南直方御殿口ーあかぢ）
右＝車体に描かれた沿線の「見どころ MAP」は楽しい試み
下＝とってもお得な「１日フリーきっぷ」

直方→田川伊田

直方を出た列車は、南直方御殿口《みなみのおがたごてんぐち》の先まで筑豊本線と並走し、複々線状態。蒸気機関車がまだ現役のころの昭和40年代、直方駅隣の高台にある直方市石炭記念館から見下ろせば、あちらからこちらから、旅客や貨物のSL列車がやってきて、それは凄かった。

筑豊本線と分かれ、遠賀川を渡る。次は新設駅・あかぢ。炭鉱への専用線が分岐していた中泉、赤池の旧来の駅の間に市場、ふれあい生力《しょうりき》と新駅がある。3セク後、駅数は3倍となっている。

この路線も石炭輸送の大動脈だったので、田川伊田まで複線が続く。転換3セクの複線は全国でここだけ。金田は本社と車輛基地があり、田川後藤寺方面への乗り換え駅。

昔からの駅・糒《ほしい》は構内が広く、駅の中にボクシングジムがある。中泉は床屋さん、赤池にはお好み焼き屋さんが駅舎内にある。

正面の高台に田川市石炭・歴史博物館の高い煙突と櫓《やぐら》が見えると、田川伊田に到着する。ここで日田彦山線に連絡。正確には駅はJRのもので、平成筑豊側が乗り入れる形。ここまでは、筑豊興業鉄道と合併後の九州鉄道が建設。

旧伊田線

筑豊炭田から産出される石炭の輸送のため，筑豊本線の支線として筑豊興業鉄道により建設された。明治26（1893）年に直方－金田間が開通，明治30年に九州鉄道に合併された後，明治32年には豊州鉄道の伊田（現・田川伊田）まで延伸され16.1キロが全通した。直方－伊田間は，明治44年に複線化され，ＪＲ九州に継承後の平成元年に糸田線，田川線とともに平成筑豊鉄道に転換された。

写真は，C11形がバック運転する伊田線・伊田行き列車。右隣のホームに筑豊本線の飯塚行き列車が到着する（直方，昭和46年６月）。

上＝上伊田。右がＪＲ日田彦山線・城野方面，左が平成筑豊鉄道・行橋方面へと分かれる
左＝九州で一番古いと言われる石坂トンネルから顔を出した，平成筑豊鉄道で一番新しい400形「なのはな」号。石坂トンネルは国の重要文化財に指定されている（源じいの森－崎山）
下左＝後藤寺で平成筑豊鉄道糸田線，ＪＲ日田彦山線，ＪＲ後藤寺線の３列車が接続

田川伊田→行橋

旧田川線は当初から行橋が起点で、田川伊田が終点だった（田川伊田へは、伊田線、日田彦山線より田川線の開通が早い）。というわけで、田川伊田で上り下りが変わり、直方から行橋への直通列車は、ここで列車番号を変えている。

田川線は終着まで全線単線。田川伊田を出た列車は、日田彦山線の線路と一緒になり、彦山川を渡り上伊田直前で分かれるまで同じ線路を走る。ここは国鉄末期からの共用区間。

勾金《まがりかね》から油須原にかけて上り勾配となる。蒸気機関車時代の９６０0形が、前と後ろに2台3台とついて石炭列車を牽引する様子は、それは迫力があった。

内田－赤の築堤にさしかかると、何やら右手の林間から廃止線跡らしきモノが近づく。日田彦山線の豊前川崎と油須原の間を結ぶ計画で、ほとんど工事も完了していた未成線・油須原線跡である。

分水嶺を越えた油須原の次は、源じいの森。駅そばの石坂トンネルは、明治28（１８９５）年開業で九州一古いトンネル。将来の複線化も考慮し、複線仕様。

線路は今川の流れに寄り添い、山里から下っていく。

犀川《さいがわ》は動物の犀の頭と角を持つユニークな駅舎。ユーモア駅名が続く。東犀川三四郎《さんしろう》、今川河童《かっぱ》、美夜古泉《みやこいずみ》。ふと下車したくなる駅。駅名だけでも十分楽しんで、終着。高架に生まれ変わったＪＲ行橋駅の、平成筑豊鉄道専用のりばに列車は滑り込む。

未成線・油須原線のトロッコ

油須原線はレールも全線で敷き終え，既設路線につなげばすぐ列車が走れるまでに完成していた。しかし，それはかなわず，１度も列車が走ることはなかった。昭和55（1980）年から放置されていたが，村が整備して平成15年からトロッコ列車が走ることとなった。常設のトロッコ軌道をバッテリーカーが約30分で往復運転している。
トロッコ列車のりばは赤駅下車すぐ。運転は夏秋の日曜だが，不定期で要確認。
写真は，平成筑豊鉄道（内田－赤）と油須原線が寄り添う区間を行くトロッコ列車。

旧田川線

石炭を苅田港などへ運搬するため，明治28（1895）年に豊州鉄道により行橋－伊田（現・田川伊田）間の全線が開業。明治34年に九州鉄道に合併された後，明治40年に国有化，田川線となった。昭和17（1942）年には彦山駅まで延伸されたが，伊田－彦山間が日田彦山線に編入，行橋－伊田間が田川線となった。ＪＲ九州に継承の後，平成元年に平成筑豊鉄道に転換。
写真は，峠越えに挑むキューロクが牽く石灰貨物列車（油須原－崎山，昭和49年12月）。

金田→田川後藤寺

糸田線も全線単線。筑豊の多くの路線が廃止された中、この線が生き残れたのは、金田、後藤寺で他線と連絡していたから。

金田を発車して1キロ以上、田川伊田に向かう伊田線の複線の右側を3線区間のように並走する。右カーブして伊田線と分かれ、左カーブし始めると豊前大熊。ここから、中《ちゅう》元寺《がんじ》川に沿い走る。あちこちに見えていたボタ山もすっかり姿を消した。

糸田がこの線の中心駅で、駅舎内に洋装店などがある。大藪《おおやぶ》付近の山はボタ山の残骸で、昭和40年代はボタ山と炭住の風景だった。JR後藤寺駅の後藤寺線と日田彦山線に挟まれた2番のりばで終着。また金田へと、平成筑豊鉄道のディーゼルカーは折り返していく。

旧糸田線

筑豊炭田から産出される石炭輸送のために建設された6.8キロの短距離路線。歴史的には２つに分かれる。
糸田－田川後藤寺（当時は後藤寺）間は豊州鉄道の支線として明治30（1897）年に開業，明治34年に九州鉄道に合併。明治40年の国有化後に宮床線となり，昭和18（1943）年，糸田線に改称。金田－糸田間は金宮鉄道により昭和４（1929）年２月に開業した区間で，同年６月に九州産業鉄道（後の産業セメント鉄道）に譲渡。昭和18年に戦時買収され，糸田線に編入となった。昭和62年にＪＲ九州に継承された後，平成元年に平成筑豊鉄道に転換。
写真は，線名にもなっている今の糸田駅。

西鉄天神大牟田線

西鉄電車は18キロ以上、390円以上のきっぷなら、後戻りしない限り何度でも途中下車できる。下車駅で自動改札を通らず、駅員に途中下車印を押してもらう手間はかかるが、運賃も安くなる嬉しい制度だ。これを利用して沿線の見どころを満喫する旅に出よう。福岡（天神）からだと桜台以遠が、これに該当する。

天神のど真ん中にあるソラリアターミナルビル2階の西鉄福岡（天神）駅から、3階の西鉄天神バスセンターより九州各地に向かう高速バスたちとともに出発進行！

西鉄天神大牟田線は大正13（1924）年4月、九州初の都市間高速電車として福岡－久留米間39キロを複線電化で開通、以後、「急行電車」の愛称で親しまれることとなる。昭和14（1939）年7月に大牟田まで全通した。

下大利《しもおおり》の先で御笠《みかさ》川を渡ると史跡の町・太宰府市。電車から東西に延びる森が見える。大宰府政庁を新羅などの攻撃から守るための防塁・水《みず》城《き》跡である。都府楼前《とふろうまえ》駅の東1キロに大宰府政庁跡の都府楼跡がある。

西鉄二日市に到着する直前、左手に見える空き地は創業時に造られた二日市車庫・工場跡。今も続く埋蔵文化財調査の大きな穴の脇を西鉄電車が駆け抜ける。

西鉄二日市から出ている太宰府線に乗り、太宰府へ寄り道。学問の神様・太宰府天満宮、九州国立博物館、史跡巡りなどを満喫。正月三が日には臨時急行「初詣号」も運転され、最高の賑わいとなる。

左＝水城跡を西鉄電車が横切る（下大利－都府楼前）

下＝右から，昭和36年に高架となった2代目・福岡駅を出発する2000形特急（昭和58年），平成9年完成の3代目・福岡（天神）駅，福岡（天神）駅を8000形特急が出発，クリスマスシーズンに走る「メリー・クリスマス」号，福岡（天神）駅横の警固公園に飾られたクリスマス・イルミネーションの汽車

途中下車の旅

(福岡[天神]－西鉄二日市)

井尻は赤井手遺跡，竹ヶ本遺跡，雑餉隈は奴国の丘歴史資料館や須玖岡本遺跡，下大利は水城跡，都府楼前は大宰府政庁跡や国分寺跡，西鉄二日市は榎社や武蔵寺，二日市温泉の最寄り駅。

車輌の移り変わり

昭和14（1939）年11月，300形急行専用ロマンスカー投入。昭和34年５月から1000形特急電車の運転を開始。これが昭和48年2000形，平成元年には8000形へと受け継がれ，今日の特急料金不要のロマンスカー特急の礎となる。

上左から，1000形，2000形，8000形，下左から300形，600形，5000形，3000形。

太宰府線 **途中下車の旅**

五条は観世音寺や戒壇院，太宰府は太宰府天満宮や九州国立博物館，九州歴史資料館の最寄り駅。

太宰府線

太宰府線は途中に西鉄五条があるだけの，全線2.4キロの単線盲腸線だが，そのルーツは古い。明治35（1902）年に開通した太宰府と現・ＪＲ鹿児島本線・二日市とを結ぶ太宰府馬車鉄道がその始まり。大正２（1913）年，蒸気動力に変更。昭和２（1927）年，これまでの道路上の軌道から大半を新設軌道にルート変更。同時に軌間を914ミリから西鉄大牟田線と同じ1435ミリに改軌し電化，西鉄二日市へ乗り入れて，ほぼ現在の線形ができあがった。

右＝二日市車庫跡で続く遺跡発掘調査（都府楼前―西鉄二日市）

上左＝社殿風駅舎の太宰府駅前には梅も咲く

上右＝三が日に運転される臨時急行「初詣号」

下＝太宰府線の300形など６連が走る昭和50年の正月風景。今はここも住宅街で，私の自宅も田んぼの跡にある（西鉄二日市―西鉄五条）

途中下車の旅

(西鉄二日市－宮の陣)

筑紫は筑紫神社，津古は原田宿跡や五郎山古墳，端間は将軍藤の大中臣神社，宮の陣は宮ノ陣神社の最寄り駅。

上＝特急電車8000形同士のすれ違い。車体色の違いは広告電車のため（端間一味坂）

右＝旧筑紫駅待合所。終戦間際の昭和20年8月8日，筑紫駅で電車が機銃掃射され200名以上の死傷者を出した。待合所屋根にも弾痕が残り，平和を願うシンボルとなっている

下＝雪の日の2000形特急。今も5000形とともに8000形を代走する姿を見かける（桜台一筑紫）

大牟田線に戻り、西鉄二日市の次の朝倉街道は、甘木方面への道が通じる所。明治41（1908）年から昭和15（1940）年まで、このルートを朝倉軌道という軽便鉄道が走っていたが、今は同じコースを西鉄バスが結ぶ。

頭上をJR筑豊本線が横切れば、立派な橋上駅舎に生まれ変わった筑紫。同駅南東には二日市から移転の筑紫車庫と工場があり、車窓からもたくさんの電車を眺められる。

筑紫駅西口を出てすぐの筑紫地区公民館に悲しい出来事の証人が保存されている。昭和初期に建築の元筑紫駅ホーム待合所で、現存する西鉄最古参。

津古《つこ》から先の丘陵地の山もすっかり切り開かれ閑静な住宅街となった。端間《はたま》を過ぎると、味坂《あじさか》にかけて気持ちの良い田園地帯を電車は疾走する。左には宝満川が流れ、季節の移り変わりが美しい。

宮の陣で全線単線の西鉄甘木線に連絡する。また甘木方面へ寄り道。宮の陣で下り急行電車に接続し甘木行きは出発する。耳納連山を遠くに見通し、筑後川から小石原川の流れをさかのぼるように筑後平野を行く。

古賀茶屋《こがんちゃや》では民家の軒先をかすめ、北野で下り電車とすれ違い、コスモ

上＝西鉄甘木線と甘木鉄道は甘木手前で急接近する（馬田ー甘木）
左＝甘木線は大正期の開通のため，民家の軒先をかすめるように急カーブが点在する（学校前ー古賀茶屋）
中＝急カーブした宮の陣駅に到着する200形と60形の２連（昭和47年８月）
下＝200形を使用した「コスモス」号（北野ー大城）

甘木線
途中下車の旅

北野はコスモスパーク北野や北野天満宮，大堰は今村カトリック教会，本郷は三原城址，上浦は平塚川添遺跡公園，馬田はキリンビアパーク福岡の最寄り駅。

ス街道を横切る。金島で進路を東から北にとり、小石原川流域に。大堰《おおぜき》から、小石原川に近づく。

馬田《まだ》を過ぎて右に大きく曲がり、基山からの甘木鉄道に急接近し、小石原川を渡ると、終点・甘木に着く。

甘木線

全通は大正10（1921）年12月と，天神大牟田線より古い。三井電気軌道が開通させた。当初は甘木から宮の陣，宮の陣から別線で筑後川に架かる新宮ノ陣橋を併用軌道で走り，櫛原で大牟田線と平面交差して久留米市の中心部・日吉町へ。さらに花畑で２度目の平面交差をして国道３号線を現・八女市の福島まで走っていた。西鉄になった後は三井線となり，昭和23（1948）年11月に宮の陣ー日吉町間を休止として宮の陣から大牟田線乗り入れに変更。昭和24年11月から甘木ー宮の陣間を甘木線，日吉町ー福島間を福島線と改称（休止区間は昭和27年廃止，福島線も昭和33年11月廃止）。甘木線は昭和10年代生まれの古豪・200形や60形が最後まで活躍した路線として人気があった。200形の後継車600形の姿もすでになく，今は新鋭7050形と7000形が２両編成で筑紫平野にリズミカルな轍音を刻んでいる。

再び大牟田線に帰り、宮の陣を出てすぐ西鉄最長375メートルの筑後川橋梁を渡り、西鉄久留米に到着。

　西鉄久留米から試験場前まで、平成16年に完成の高架を走る。

　次の津福《つぶく》で地平に下りるまで、今度は昭和7（1932）年完成のコンクリート橋・津福陸橋で久大本線、鹿児島本線と、2本のJR線を乗り越える。

　津福から大善寺までは、大正元（1912）年開業の大川鉄道が上久留米と大川の榎津を結んでいた線路を利用している。1067ミリ軌間を1435ミリに改軌し、昭和12年に開業。

　右に日本三大火祭りに数えられる勇壮な神事・鬼夜で有名な大善寺・玉垂宮をかすめ大善寺に到着する。三潴《みずま》は筑後の酒蔵・城島に近い。西鉄電車も団体列車「城島号」を酒蔵開きの日に運転する。

　犬塚、大溝、八丁牟田《はっちょうむた》と筑後平野を一直線に快走して、矢加部で佐賀線廃線跡をオーバークロス、単線のまま西鉄柳川に到着。

　柳川付近はクリークが多い。電車は次々に水路を見て走る。西鉄中島は矢部川河岸の駅。川には海苔《のり》網《あみ》漁船などが係留されている。

　倉永を過ぎて切り通しを右カーブすれば、左からJR鹿児島本線が近づき、東甘木より並走となる。

　終点1つ手前の新栄町は、大牟田川北側の新市街で特急も停まる。そして、西鉄天神大牟田線とJR鹿児島本線が一番近い駅、同居駅の終点・大牟田に到着する。

　平成19年8月1日より、西鉄全線でもJR九州と同様に、事故防止のため昼間もヘッドライトを点灯して走行することになった。

旧西鉄大川線

元大川鉄道の西鉄大川線は大善寺－城島－西鉄大川（榎津）間13.6キロの路線で，昭和26（1951）年９月に運転休止（廃止は昭和41年５月）になるまで，蒸気機関車が牽引する客車列車が走っていた。この時活躍していた可愛らしい蒸気機関車・旧大川鉄道４号機が，廃止線跡の途中，三潴小学校近くの「ポッポ汽車公園」に保存展示してある。

廃止線跡は県道701号線などに転用されているが，歩道にレールがカラー塗装され，大川線の存在を今に伝える。一部県道から外れた所は田に盛土と，単線の形もそのままの自転車遊歩道として残り，より廃止線の様子がわかる。城島付近も廃止線跡は遊歩道として残り，酒蔵の町巡りと廃止線跡散策が楽しめる。

上＝左から，光きらめく矢部川を渡る8000形特急（西鉄中島－江の浦），津福陸橋を行く今は亡き200形（試験場前－津福）
下＝左から，団体列車「城島」号，遊歩道として残る大川線廃線跡（草場駅付近），明治44年製造の大川鉄道４号機。機関車の数字５は間違いのよう

途中下車の旅（宮の陣－大牟田）

犬塚は水沼の里2000年記念の森公園，三潴は杜の蔵酒造，柳川は御花や川下り，大牟田は三池カルタ・歴史資料館，大牟田市石炭産業科学館，旧三井港倶楽部の最寄り駅。

ＪＲ福岡近郊区間

福岡県のほとんどのＪＲ線が福岡近郊区間に指定されている（この制度は全国４か所だけで，東京と大阪，新潟にある）。近郊区間とはその範囲内を移動する時，運賃計算を簡単にするため，最短経路の安い運賃で済む制度。同じ所を重複しない一筆書きの経路なら最短距離の運賃だけでよい。

これを利用して，博多から吉塚までの最低運賃160円きっぷを買い，鹿児島本線を南下，原田から筑豊本線へ。新飯塚から後藤寺線，田川後藤寺で日田彦山線に乗り換えて，西小倉からまた鹿児島本線を南下するという，グルリと１周，大回りの１日長距離の鉄道旅を楽しむ強者もいるらしい。ただし，近郊区間は101キロ以上乗車しても途中下車は不可。１日限り有効。

青春18きっぷ

学生が休みの春，夏，冬休みに毎年発売される青春18きっぷは，行き止まり線や途中下車の旅に意外と便利（青春と書くと若い人だけしか買えないきっぷのようだが，年齢制限なし，誰でも買えるので誤解なきよう）。

普通きっぷに認められない行ったり来たりも可能。

全国のＪＲ線５日間乗り放題だからか，九州から東京へなど長距離乗車を志す傾向があるが，盲腸線乗り潰しには意外と運賃がかかる。福岡県内を巡るだけでも十分モトが取れる。もちろん他県への飛び出しも自由。利用価値大のお得きっぷ。ただし，利用は普通・快速列車のみの約束で，特急列車に乗ると特急券のほか乗車券も必要になる。

栗原隆司（くりはら・たかし）

1952年，福岡県生まれ。1968年，筑紫丘高校写真部入部（ヨンサントオの年）。蒸気機関車の魅力に取りつかれ，高校時代から鉄道写真三昧の日々を送る。1970年，「鉄道ジャーナル」別冊に，ルポコンテスト応募作「ドン急修学旅行列車東へ」が初掲載。1972年，東京写真大学（現・東京工芸大学）入学。5年間，国際文化通信社に在籍後，約2年間の真島満秀写真事務所時代を経て，1981年からフリーカメラマン「旅ぐらふぁー」となる。1992年，九州へUターン。著書に『鉄道のある風景』『九州・鉄道の旅』『九州・花の旅』『高千穂鉄道』（以上，海鳥社），『ＪＲ特急』（講談社），『栗原写真館　鉄路叙情編』（交通新聞社），『九州ＳＬ紀行』『筑豊のＳＬ』（以上，ないねん出版）など。また，高校時代の撮影仲間で結成した鉄道少年探偵団による共著『九州の蒸気機関車』『蒸気機関車 ── 中国・四国・近畿の鉄道風景』（ともに海鳥社）もある。現在，福岡県太宰府市在住。

写真協力

中楯潔

主な参考文献

『日本国有鉄道百年史』全19巻，日本国有鉄道
『鉄輪の轟き ── 九州の鉄道100年記念誌』九州旅客鉄道，平成元年10月
『九州旅客鉄道10年史』九州旅客鉄道，平成９年12月
『九州の鉄道の歩み ── 鉄道100年記念』日本国有鉄道九州総局，昭和47年10月
宮脇俊三・原田勝正編『全線全駅鉄道の旅10 ── 九州2800キロ』小学館，昭和57年１月
宇都宮照信編『九州鉄道の記憶 ── 名列車・名場面・廃止線』西日本新聞社，平成14年10月
宇都宮照信編『九州鉄道の記憶Ⅱ ── 名列車・名場面・廃止線』西日本新聞社，平成16年２月
宇都宮照信編『九州鉄道の記憶Ⅲ ── 名列車・名場面・廃止線』西日本新聞社，平成16年10月
『西日本鉄道七十年史』西日本鉄道，昭和53年12月
徳田耕一編著『まるごと西鉄ぶらり沿線の旅』河出書房新社，平成18年10月
『九州小さな町小さな旅 ── 懐かしい日本の町をたずねて』山と渓谷社，平成12年９月
大牟田市役所主査・主任会編『大牟田の宝もの100選』海鳥社，平成14年２月
「みのう自慢」みのう悠々交流圏連絡協議会
「鉄道ジャーナル」鉄道ジャーナル社
「年鑑日本の鉄道」鉄道ジャーナル社
「鉄道ダイヤ情報」交通新聞社
「ＪＲ時刻表」平成19年８月号，交通新聞社
国鉄監修「交通公社の時刻表」昭和42年10月号・昭和43年10月号他，日本交通公社
「別冊時刻表　私鉄大カタログ西日本編」日本交通公社
「西鉄電車時刻表　天神大牟田線」西日本鉄道
フリー百科事典『ウィキペディア（Wikipedia）』

鉄道再発見の旅
てつどうさいはっけんのたび

2007年９月10日　第１刷発行

著　者　栗原隆司

発行者　西　俊明

発行所　有限会社海鳥社
〒810-0074
福岡市中央区大手門３丁目６番13号
電話092(771)0132　FAX092(771)2546

印刷・製本　瞬報社写真印刷株式会社

ISBN 978-4-87415-648-3

http://www.kaichosha-f.co.jp

[定価はカバーに表示]